U0670433

Excel

财务建模手册

EXCEL FINANCIAL MODELING MANUAL

（更新至Excel 2013及以上版本）

诚迅金融培训公司 编

中国金融出版社

策划编辑：戴　硕
责任编辑：李　融　李林子
责任校对：李俊英
责任印制：陈晓川

图书在版编目（CIP）数据

Excel财务建模手册/诚迅金融培训公司编 . —北京：中国金融出版社，2018. 11
ISBN 978 - 7 - 5049 - 9802 - 6

Ⅰ. ①E…　Ⅱ. ①诚…　Ⅲ. ①表处理软件—应用—财务管理—手册　Ⅳ. ①F275 - 39

中国版本图书馆 CIP 数据核字（2018）第 234986 号

出版
发行　**中国金融出版社**

社址　北京市丰台区益泽路 2 号
市场开发部　（010）63266347，63805472，63439533（传真）
网 上 书 店　http：//www. chinafph. com
　　　　　　（010）63286832，63365686（传真）
读者服务部　（010）66070833，62568380
邮编　100071
经销　新华书店
印刷　北京市松源印刷有限公司
尺寸　210 毫米 ×285 毫米
印张　12
字数　280 千
版次　2011 年 6 月第 1 版　2018 年 11 月第 2 版
印次　2018 年 11 月第 1 次印刷
定价　68. 00 元
ISBN 978 - 7 - 5049 - 9802 - 6
如出现印装错误本社负责调换　联系电话（010）63263947

实用投融资分析师认证考试顾问 （按姓氏拼音排序）

实用投融资分析师认证考试指导专家 （按姓氏拼音排序）

华尔街的笨方法

1. 华尔街估值建模培训中国版的来历

收到诚迅金融培训公司董事长许国庆老师让我为本书作序的邀请，我受宠若惊也颇感欣慰。回想起 18 年前许老师以伯乐之慧眼把我从上海交通大学招聘进中银国际从事投行业务，并有幸作为中国第一批投行工作者在纽约高盛总部参加了华尔街经典的估值建模培训，之后在许老师鼓励支持下成为中国证券市场的第一代估值建模培训师（同期的其他培训师包括我曾经的中银国际同事陈兴珠先生和当年在中金公司投行部工作的罗奕先生），往事历历在目。

诚迅公司分别于 2002 年和 2003 年邀请常年为高盛和摩根士丹利做估值建模培训的爱姆特（AMT Training）公司创始人阿拉斯戴尔先生四次来华为中国的券商、基金公司和上市央企培训估值建模，我们当时担任课堂辅导员并全程开发了中国联通和中石化课堂练习案例。

2005 年开发出第一个由我们几位年轻的中国投行人员讲授的估值建模培训，之后我们带出来了诚迅公司第二代估值建模培训师杨松涛先生和赵溱先生，诚迅公司后来又培养出第三代培训师江涛先生、梁刚强先生和樊晶菁女士，他们都是从清华大学、北京大学毕业后在诚迅公司工作成长起来的教学骨干。

诚迅从创业之初已成功走过 20 个年头，为数百家中外金融机构数万名员工提供了几百期培训，成为中国从事估值建模培训最早最多的培训公司。在诚迅 2018 年成立 20 周年志庆之际，很高兴看到诚迅公司 2011 年编写的在中国金融出版社出版发行的《Excel 财务建模手册》经多次印刷后将要第二版发行，我作为有关工作的早期参与者，利用这个机会和年轻读者们分享一些感悟。

2. 聪明人的笨方法

这里我先讲一个当年在诚迅课堂上的小故事。

记得那次是讲估值建模的提高班"并购估值建模"，上这个课的基础是必须先上前一个课程"估值建模"，这样对建模步骤和 Excel 的运用才能自如，跟得上快节奏的课堂训练。诚迅的客服老师对报名并购估值建模的每个学员都会反复强调这一前提条件。

但那次上海和深圳各有一家很牛的券商员工没有上过估值建模培训却霸王硬上弓，结果在并购课堂上屡屡遇到 Excel 的基本操作问题，以及建模中报表科目里的勾稽关系等基本概念问题，需要现场辅导员全程辅导。

课后他们惭愧地说，我们其实在本单位还是建模的小教员呢，新员工一上岗，我们只用两个小时就能教会他们在编辑好的软件系统中录入数据，得出结论。

当时许老师语重心长地对他们说："华尔街的许多百年老店新员工培训有两三周时间都是估值建模和财务报表分析这种实操技能培训，他们注重的是在从零起步构建模型的过程中掌握建模步骤、了解每个科目的难点，从而对项目整体有更深入的分析和判断。中国的投行、投资、基金和行业研究刚起步没几年，要对华尔街培养新人的方法有敬畏感，华尔街的 IT 那么先进，为什么他们不用现成的软件系统教新人录入呢？"

3. 您的建模水平在企业客户面前有足够的自信吗？

近年来，人工智能的功能被宣传得无比强大，许多人预测投研领域需要的人会越来越少，我也非常认同这一趋势。但同时我们也应该冷静地想想，需要对投融资项目进行分析的专业人士，若不通过扎实专业的基本功训练，能通过类似戴上防毒面具或眼科医生检测镜那种形状的可穿戴设备，就能简单地往脑中上传财报、估值等基本概念并理解财报科目中的勾稽关系吗？

当时诚迅的课堂上还出现过几个令我至今记忆犹新的事情。一个是三峡集团的几位学员连续参加了诚迅的估值建模和并购估值建模培训后，运用学到的建模方法成功构建了并购葡萄牙电站的大型项目模型。

另一个是中海油曾有六个同事一同参加诚迅的并购估值建模培训，他们总是全班每个建模步骤完成最快最准确的学员。作为市场化程度很高的专业央企团队，在每一个海外并购项目中，公司领导都要求他们提前背靠背地自行构建模型，之后在和华尔街投行对模型时要能在关键的假设和不同点上进行深入讨论，而不是满足于让华尔街投行做完模型后我方人员再似懂非懂地沟通一下。

不同的 Excel 财务建模训练和在这方面的不同认识水平，可以直接导致在分析评判投融资项目过程中的不同质量或成败。在今天金融严监管的大环境中，在更加强调对国有资产保值增值责任的形势下，掌握 Excel 建模基本功显得更加重要和急迫。

4. 求其高，得其中

回想当年方风雷先生执掌中银国际时委托诚迅公司的许老师在清华大学、北京大学、复旦大学、上海交通大学等学校招来了我们这些财经类学院应届生，多年后大家相聚时经常感恩方总追求专业，把我们送到纽约高盛得到专业的培训，之后在做模型、写文件以及与客户打交道中严格要求我们向高盛的标准看齐，经过那些年的严格训练，多年后大家大都成为华尔街或合资投行以及专业 PE 的高管，带出的团队也深获客户赞赏。

我和当年的同事们聚会时经常会聊起，一个值得投资或需要融资的项目，无论是在中后期还是在早期，无论是需要巨额融资还是小额筹资，无论是让 PE 来投还是找 VC 来投，都有必要做出估值模型来进行分析。如果有些人强调项目数据不全或者数据不规范无法建模进行估值的话，那我的反应首先是现有的数据是否真实可靠，参与分析者是否因为不会建模而说建模没有用，更严重的是，他们是否愿意用专业认真的态度全身心投入地分析项目。因此，是否会用和是否愿意用 Excel 建模，既是水平问题，也是态度问题。

上面的分享有些严肃，但却是我多年积累的一些感悟，希望读者朋友们能够不断从诚迅出版的书籍（另一本配套书《估值建模》第一版已经七次印刷，现在已经出版第二版）中学到实用的知识和技能，在金融投资行业中不断发展进步。

谢方

2018 年 8 月

谢方先生现任鼎晖投资董事总经理，早年曾在中银国际投行部及诚迅金融培训公司工作。谢先生研究生毕业于上海交通大学安泰管理学院，本科毕业于上海交通大学电子工程学院。

　　《Excel 财务建模手册》是实用投融资分析师认证考试中"估值建模"考试的配套教材。"估值建模"考试要求考生除了掌握相关知识外，还需要具有相当水平的建模操作技能。对于较少运用 Excel、操作不熟练的读者，本手册可以帮助其快速掌握 Excel 在建模中的应用。对于已掌握 Excel 基本操作方法，但想进一步追求建模技巧和建模效率的读者，本手册也可成为很好的提高工具。

　　Excel 软件可以进行数据计算、量化分析等多种操作，因而被广泛应用于财务分析领域。Excel 自身提供了强大的函数运算功能、方便实用的分析功能以及友好的操作界面。使用 Excel 进行财务建模是投融资领域从业人员的一项基本技能，也是很多从业人员日常需要完成的工作。熟练运用 Excel 软件会极大地提高建模、分析的效率和质量。

　　从 Excel 2007 版本开始，Excel 的基本结构及功能的使用方式并没有特别大的变化。本手册以 Microsoft Office Excel 2013 为主要版本进行介绍，兼顾其他 Excel 版本的使用者。本手册采用图文并茂的形式，由浅入深，通过知识概述、案例展现、经验提示的方式介绍财务建模中常用的操作方法和技巧。读者既可整体阅读以全面提高 Excel 建模能力，也可把本手册作为建模过程中的工具书，随时查阅相关内容。

　　本手册由诚迅金融培训公司实用投融资分析师认证考试教材编写组编写。诚迅公司的专职投融资培训师杨松涛先生、赵溱先生、江涛先生、梁刚强先生负责主要编写工作，曾在诚迅公司工作的樊晶菁、陈文苑、王蔚祺等同事参加了大量的编写工作。

　　诚迅金融培训公司（www. chainshine. com）自 1998 年成立以来，为中外金融机构、上市公司及金融监管部门提供了大量以实操技能为主的金融培训，将华尔街券商普遍使用的估值建模培训及美国商业银行常年使用的现金流测算与分析培训引进中国，进行本土化再造，现已举办数百期。在此基础上，于 2010 年首先推出了"实用投融资分析师"认证考试体系之一的"估值建模"科目。为便于"估值建模"科目考生准备考试，本手册得到中国金融出版社编辑部主任戴硕先生（现任《中国银行业》杂志主编）的指导，得以于 2011 年 6 月出版发行，之后多次印刷。考虑到 Excel 软件的更新和实际工作中运用的演变，本次进行再版。本次再版由杨松涛、梁刚强、江涛进行改编更新，杨松涛负责统稿。

需要特别鸣谢的是，本次再版由谢方先生作序。谢方先生是国内投行中赴纽约高盛公司（2000 年）参加估值建模培训的首批投行人士，更是中国第一位执教"估值建模"的先锋，之后他带出杨松涛、赵溱、江涛、梁刚强、樊晶菁等一批现在或曾在诚迅公司工作的清华大学、北京大学高材生。诚迅这一团队为我国的投行、投资、行研、基金管理等金融投资领域的数万名从业人员提供了估值建模等实操技能培训。

在手册编写过程中，多家中外金融机构的专业人士提出了许多宝贵意见，在此谨表衷心谢意！由于编写组成员能力有限，时间仓促，手册中难免存在错误与不足之处，欢迎大家批评指正，编写组将不胜感谢。可发送电子邮件至 peixun@ chainshine.com 或致电（010）85864301。

诚迅金融培训公司
实用投融资分析师认证考试教材编写组
2018 年 8 月

实用投融资分析师认证考试简介

实用投融资分析师认证考试（Applied Investment & Finance Analyst，AIFA）旨在提高投融资领域从业人员的实际分析与操作能力，通过定量与定性相结合的考试方式，高效、便捷的测评流程，帮助专业金融机构进行招聘测评和技能考核。AIFA考试包括"估值建模"、"公司信贷分析"、"财务报表分析"、"固定收益"及"并购与股权投资"五科。目前"估值建模"考试已被中信产业基金、金石投资、丝路基金、厚朴投资、中金甲子、中信证券、一创投行等多家专业金融机构当作考查应聘申请人投资与投行业务实操技能的招聘测评工具或新员工和实习生培训后的考核内容。北京大学、清华大学、上海交通大学、复旦大学等著名院校财经专业学生自2010年以来已积极参与"估值建模"项目多年。

近年来，为提升投融资业务专业技能及机构竞争力，有效防范投融资风险，降低管理层在选人用人中容易出现的责任风险，多家金融投资机构采用"估值建模"考试作为招聘与考核的专业测评工具，来有效鉴别应聘者及从业人员实际操作技能。

"估值建模"招聘测评考试简介

考试定位	投融资领域招聘测评的专业工具，有效提高从业人员实操技能
考试时间	随报随考（一般提前3~5天报名），自行在Pearson VUE网站注册约考
考试地点	估值基础知识：全球约5000家考点，包括中国80个城市300家考点 估值建模操作：北京、上海、深圳、广州、纽约的指定考点
考试形式	估值建模考试分为两部分：估值基础知识、估值建模操作 90分钟"估值基础知识"为理论知识及计算类客观题，机考或集中笔试 120分钟"估值建模操作"为建模操作类模型题，机考
考试语言	中文或英文
考试网站	www.pearsonvue.com.cn/AIFA（中文）或 www.pearsonvue.com/aifa（英文）
备考网站	www.aifaedu.com
开发机构	诚迅金融培训公司【在中国从事华尔街投行投资实操技能培训最早最多的机构】
承办机构	美国Pearson VUE全球考试平台【亦是CFA金融基础证书、GMAT等考试平台】

华尔街投行投资实操技能系列培训

诚迅金融培训在四次引进华尔街估值建模培训的基础上，以估值建模为核心，形成了财报分析、估值建模、并购与股权投资、公司信贷分析、固定收益等华尔街投行投资实操技能系列培训课程，使学员掌握中外金融机构普遍使用的投融资分析方法，演练企业财务预测与估值建模、信贷风险分析与现金流预测建模、并购与股权投资估值建模、债券投资的定价建模等实际分析操作案例。具体特点如下。

1. 注重实际分析操作能力

在电脑上动手练习，更易理解和掌握有关财务及金融实操技能和理论知识。学员按照华尔街培训方法在课堂上使用电脑进行大量的估值建模与财务分析等演练，并可将模型案例带回工作中，学以致用。

2. 紧密联系实际案例

诚迅公司编写了房地产、银行、证券、保险、石油、煤炭、电力、新能源、基础设施、机械制造、百货、食品饮料、通信、有色等行业的大量案例，可为 IPO、再融资、证券投资、股权投资及信贷等多种业务中可能面临的问题提供参考和借鉴。

3. 专人辅导建模练习

为学员配备一定比例的辅导员，配合培训讲师在课堂上对学员遇到的诸如 Excel、会计、财务、金融等问题做有针对性的现场同步辅导，确保不同程度的学员都能跟上进度，掌握实操技能。诚迅公司建模培训中的现场辅导模式深获所有学员赞赏。

4. 培训形式丰富

培训中采用了包括学员动手建模、课堂练习、课堂问答、课后作业、考核考试等多种形式，确保学员在培训中的参与热情和学习动力（压力），使学员能够主动地掌握实用知识，练习和巩固实操技能，最大程度地吸收和应用培训内容。

5. 已获业内认可多年

"估值建模"培训自 2002 年从华尔街引进中国后，已举办数百期，在业内拥有很好的口碑，得到了历届中外金融机构学员及其业务经理和人力资源部门的高度认可。由于是实际分析操作技能的培训与考试，学员在工作中能立即使用，收到实效，具有"已认可，后认证"的特点。

估值建模

估值建模是成熟资本市场中投资分析和股票承销的必备工具。本课程对估值分析中涉及的会计、财务分析和税务知识的有关要点进行串讲，举例讲解中外资本市场通用的估值方法，学员在老师及多位操作熟练的辅导员引导下，完成多表格财务预测模型，并运用折现现金流、可比公司法等多种方法对股权价值进行评估，在培训中增强建模的操作规范及提高建模效率的技巧。本课程有辅导员辅导。

所需知识与技能：具备一定基础会计知识，能够简单分析财务报表，经常使用Excel。

财务报表分析

财务报表分析既是投资分析及贷款评审的必备技能，也是估值建模的基础。本课程通过大量的中国企业案例，从利润表、资产负债表、现金流量表出发，讲解如何分析收入、成本、固定资产、存货、经营活动现金流等会计科目，从而看出企业核心竞争力或财务报表粉饰风险。通过实际操作练习掌握难点、三张财务报表勾稽关系及财务综合分析方法。本课程有辅导员辅导。

所需知识与技能：具备一定基础会计知识，能够使用Excel。

公司信贷分析

本课程根据国际商业银行普遍使用的信贷风险分析方法，通过现金流预测及财务指标分析来关注贷款企业未来的还款能力。通过演练财务风险预测模型，分析企业的流动资金贷款和中长期贷款项目案例，进而深入评估贷款企业的潜在风险，并对财务报表案例进行分析讨论，提高学员的风险识别与风险管理能力，从而改善当前商业银行的客户经理和一些信贷人员不善于使用量化工具、不重视财务预测的现状，为解决中小企业融资难及有效降低不良贷款率提供切实可行的分析方法。本课程有辅导员辅导。

所需知识与技能：具备一定基础会计知识，能够简单分析财务报表，经常使用Excel。

并购与股权投资

并购与股权投资中的定量分析技术在财务结构设计、目标企业估值、风险收益评估的应用使其愈加成为并购及股权投资专业人员所必需的核心技术，同时也是各类投资者解读并购交易及分析并购双方企业价值所必须掌握的分析技能。本课程重点练习"简单合并交易结构分析模型""全面合并模型""杠杆收购分析模型""股权投资进入—退出分析模型"等不同类型及不同阶段的并购与股权投资所适用的模型，着重讲解在实际工作中如何运用这些模型对并购及股权投资的交易结构进行设计、衡量目标公司的价值，并进行风险收益分析。通过这些量化分析方法，为投资的战略制定、决策、尽职调查、交易谈判、执行和评价提供支持。本课程有辅导员辅导。

所需知识与技能：需参加过估值建模培训并熟练掌握该科所需知识与技能，熟练使用 Excel。

固定收益

本课程着重串讲中国多个债券市场各主要产品及其交易方式与计算方法等应知应会的知识与技能，并与美国债券市场同类产品进行比较；侧重债券的定量计算和定价分析等技能，以及对债券市场的风险分析和管理，分析宏观经济、货币政策等因素对债券价格的影响。本课程有辅导员辅导。

所需知识与技能：需学习过高等数学、概率统计、债券基本原理，经常使用 Excel。

考试主办方简介

诚迅金融培训公司

诚迅金融培训公司（Chainshine Financial Training，www. chainshine.com）1998 年在北京成立，公司高管曾在华尔街投行及美国商业银行工作多年，公司致力于为中外金融机构提供以实操技能为特点的专业培训。诚迅公司的培训强调学员动手建模操作和实际案例练习，并根据学员人数配备现场辅导员，填补了国内建模培训方面的空白。

诚迅公司将华尔街投资银行普遍使用的估值定价模型培训及美国商业银行常年使用的信贷风险分析培训引进中国，进行本土化再造，现已举办数百期，成为许多金融机构新员工入职培训的主要组成部分。同时还多次举办财务报表分析、并购、债券、资产证券化等定量分析模型培训。并在此基础上，自 2010 年起开发了"实用投融资分析师"（AIFA）认证考试。诚迅公司在企业财务分析及财务模型构建方面具有丰富经验，曾参与多家企业融资、投资和财务顾问项目。

2015 年诚迅金融培训公司获 CFA 协会美国总部批准，成为中国首家"协会批准备考机构"（APPP）。详情可参阅 CFA 协会官网。

考试平台简介

Pearson VUE

Pearson VUE 是全球领先的电子化考试解决方案提供商，隶属于世界知名教育机构培生集团（Pearson，纽交所、伦交所上市公司）。Pearson VUE 通过 180 个国家的 5000 多家考试中心，为全球超过 450 家考试主办方每年发送 1500 万门次考试。主办方涵盖政府机构，学术机构，招生单位，金融服务、信息技术、人力资源、保健和医药等行业，包括 MBA 入学考试委员会（GMAT 考试主办方）、特许公认会计师公会（ACCA）、CFA Institute（CFA 金融基础证书）、微软、思科、甲骨文、IBM等，近年来增加了中国的阿里云、百度及诚迅金融培训公司（AIFA 估值基础知识考试主办方）等，详见官网 www. pearsonvue. com。

Pearson VUE 通过在中国 80 多个城市的 300 多家考试中心，以及全球 5000 多家考试中心为"实用投融资分析师"认证考试提供中英文随报随考服务，为中外金融机构全球招聘及考核员工提供有效测评工具考试平台，为有志于进入金融市场的人才提供参加考试的渠道。

目 录

第 5 章　常用建模技巧

第 6 章　用 Excel 进行假设分析

第 7 章　Excel 作图

CHAPTER

1

第1章

Excel
界面

本章主要介绍 Excel 界面的基本组成，使读者对 Excel 有个整体认识。

Windows 系统和苹果 Mac 系统下都有很多 Excel 的版本，近 10 年来 Excel 的操作界面及操作方法没有发生本质的改变。Windows 系统下的 Excel 使用更为频繁，功能也相对完整。本书使用 Windows 系统下的 Excel 2013 版本进行介绍，该版本的功能在常见的 Excel 各类版本中基本使用。

1.1　　　　　　　　　　　　　　　　　　Excel 基本操作界面

以 Windows Excel 2013 版本为例，操作界面如图 1 - 1 所示。

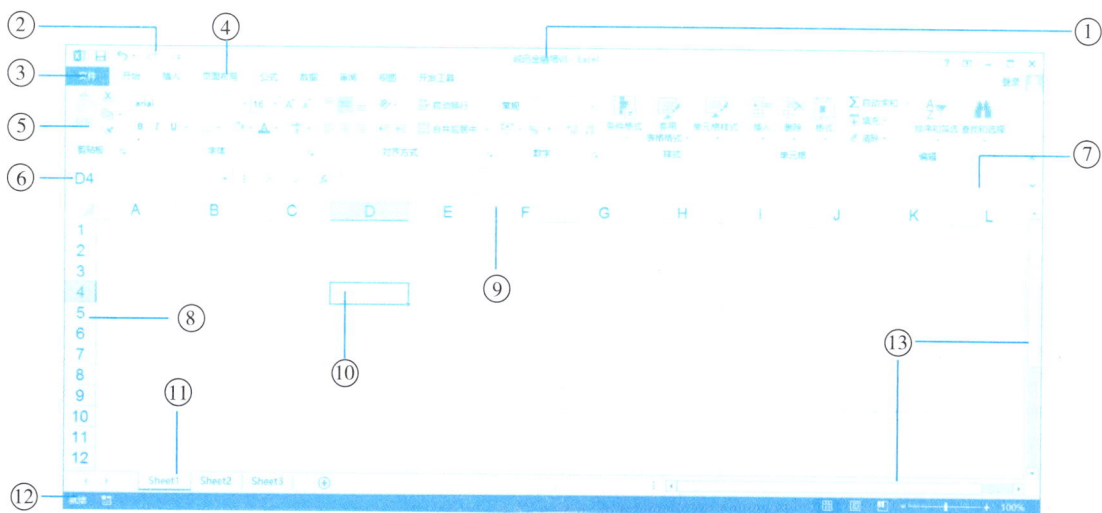

图 1 - 1　Excel 操作界面

①标题栏

Excel 文档的标题栏位于最上方中间位置，用户可以从标题栏看到当前文档的名称，如本文档名称为"诚迅金融培训"。

②快速访问工具栏

默认情况下，快速访问工具栏在标题栏的左侧。鼠标右键单击快速访问工具栏，在弹出菜单中选择"在功能区下方显示快速访问工具栏"，可使其显示在功能区下方。默认的快速访问工具栏包含"保存"、"撤消"和"恢复"等命令。第 3 章会介绍如何根据用户的使用习惯设置自定义快速访问工具栏。

③"文件"按钮

"文件"按钮位于 Excel 工作簿的左上角（在 Excel 2007 版本中则用 Office 图标替代其功能）。该按钮提供了有关文件操作的常用命令，如"打开"、"保存"、"打印"及"选项"等。

④功能区选项卡

根据功能的不同，Excel 将相关的功能和命令组合在一起，放在不同的选项卡下。通常情况下，Excel 操作界面包括"开始"选项卡等多个常用功能区选项卡。在 Excel 的较高级版本中，用户还可以自定义功能区选项卡。

用户在进行特定操作时，Excel 会显示相关的上下文选项卡。如选中 Excel 中的图表，会出现"图表工具"选项卡，分为"设计"和"格式"两类。

同时，部分外部软件会提供相应的 Excel 插件，在 Excel 中产生新的选项卡，如"AC-ROBAT""Wind"等。

⑤功能区

功能区位于功能区选项卡下，列示了每个选项卡下的功能和命令，并根据不同类型又划分为若干组。点击功能区中的按钮，则可以执行相应的命令。

功能区的界面会随着 Excel 工作簿窗口宽度的不同而不同。当窗口宽度太小而无法容纳功能区所有命令时，功能区会自动适应窗口大小，隐藏部分命令图标。这些命令仍然可以使用。鼠标左键单击功能区中的小三角，可以从下拉菜单中选择相应命令（见图 1 - 2、图 1 - 3）。

功能区是可以隐藏的。鼠标双击某功能区选项卡，即可隐藏功能区，这样可以增加工作表显示的行数。再次双击功能区选项卡，则可以打开功能区（可使用快捷键"Ctrl + F1"切换功能

图 1-2　全屏大小下的功能区

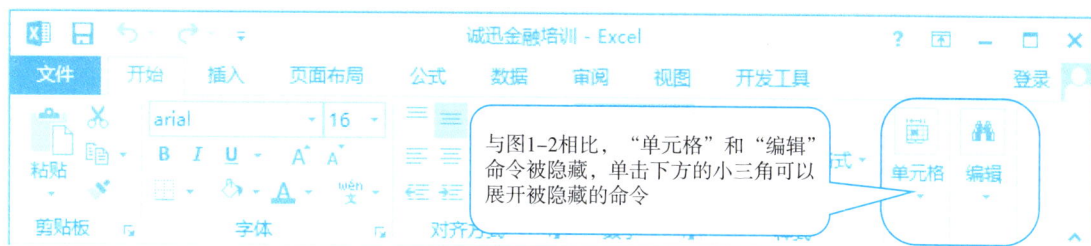

图 1-3　窗口较窄时的功能区

区显示∕隐藏状态，关于快捷键的详细使用可见第 2 章）。在功能区隐藏的状态下，若单击功能区选项卡，则可以临时打开功能区供用户选择命令，执行命令后功能区恢复隐藏状态。

⑥名称框

名称框用于显示当前选中单元格或区域的名称、范围或者对象。一般情况下，单元格名称由该单元格的列标和行号组成，如图 1-1 名称框中的"D4"表示当前选择的单元格是 D 列第 4 行对应的单元格。

如果对某个单元格或区域定义了名称，则选中该单元格或区域时，名称框中显示的是定义的名称，而不是原来默认的由列标和行号构成的单元格名称。在第 5 章将介绍如何定义名称和使用名称。

在选择一个区域的过程中，名称框通常可以提供所选区域大小的提示，显示所选区域的行数和列数（见图 1-4）。

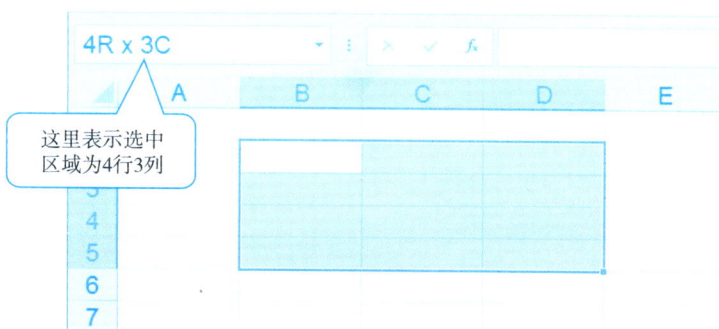

图 1-4　名称框显示所选区域大小

3

⑦公式编辑栏

公式编辑栏可以显示并编辑单元格的内容，用户可在此输入文字、数值或者公式等。如果单元格公式太长，公式编辑栏显示不全，可以点击公式编辑栏右边的扩展按钮以增加编辑栏的高度（或者使用快捷键"Ctrl + Shift + U"）。

如果点击公式编辑栏左边的 f_x 按钮，会弹出"插入函数"对话框。在对话框里通过输入对函数的描述进行搜索或通过函数类别挑选所需函数。

⑧行标题

行标题是由数字标示的，显示单元格所在的行。Excel 2007 及之后版本中每张工作表共有 1048576 行（Excel 2003 版本仅有 65536 行）。

⑨列标题

列标题是由大写英文字母标示的，显示单元格所在的列。行、列标题共同确定了一个单元格。Excel 2007 及之后版本中每张工作表共有 16384 列，列标题从"A"到"XFD"（Excel 2003 版本仅有 255 列）。

⑩单元格

单元格是工作表中最基本的编辑单位，用户可以在单元格内输入文字、数值以及公式等。

⑪工作表标签

工作表标签显示工作表的名称。Excel 默认的工作表标签为"Sheet1""Sheet2"等。双击工作表标签，或者鼠标右键单击工作表标签选择"重命名"，可以对工作表标签进行修改。同时也可以对工作表标签添加背景颜色。

⑫状态栏

状态栏位于工作簿最下方，显示各种信息，如单元格所处状态（就绪、编辑、输入等）、大小写、迭代计算进行次数等。

通常，状态栏上还会有视图快捷方式、显示比例命令按钮以及缩放滑块等。通过单击视图快捷方式中的按钮可以更改当前工作表的显示方式，包括普通、页面布局和分页预览。单击显示比例命令按钮，可以调出"显示比例"对话框以设置显示比例。

拖动按钮旁边的缩放滑块可以对显示比例进行调整（见图 1 - 5）。

图1-5 状态栏

⑬滚动条

滚动条分为水平滚动条和垂直滚动条，用鼠标拖动滚动条可以翻阅当前工作表。

1.2　　　　　　　　　　　　　　　　　　Excel 功能区介绍

1. 常规选项卡

（1）"开始"选项卡

"开始"选项卡主要是对单元格格式的基本设置，主要包括剪贴板、字体、对齐方式、数字、样式、单元格以及编辑等功能（见图1-6）。

图1-6 "开始"选项卡及功能区命令

（2）"插入"选项卡

在"插入"选项卡下，可以插入表格、图形、图表、链接、文本以及特殊符号等（见图1-7）。

图1-7 "插入"选项卡及功能区命令

（3）"页面布局"选项卡

"页面布局"选项卡主要是对整个工作表界面的设置，常用的打印设置、网格线、对齐等功能都可在此找到（见图1-8）。

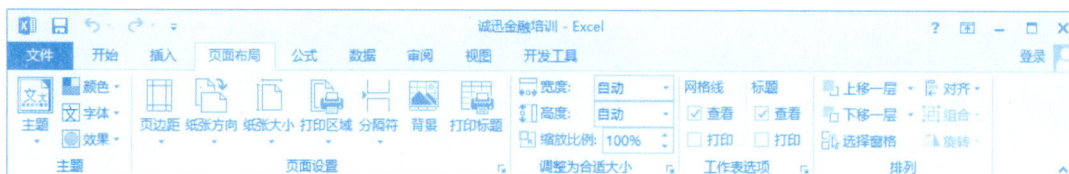

图1-8　"页面布局"选项卡及功能区命令

（4）"公式"选项卡

在"公式"选项卡下，包括函数、名称、公式及调整模型的计算选项等功能（见图1-9）。

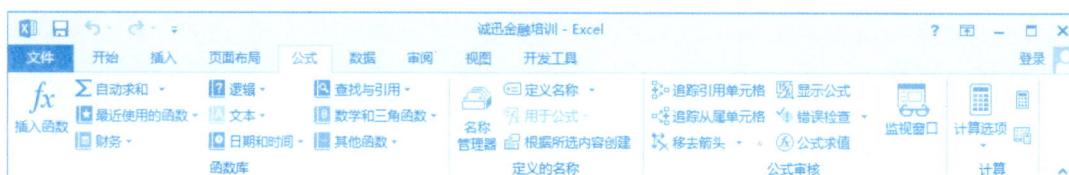

图1-9　"公式"选项卡及功能区命令

（5）"数据"选项卡

"数据"选项卡提供了数据的获取、整理和分析功能，包括常用的获取外部数据、排序、数据验证、组合和模拟分析等命令。通过添加自带加载项，可以增加如规划求解、数据分析等功能（见图1-10）。

图1-10　"数据"选项卡及功能区命令

（6）"审阅"选项卡

"审阅"选项卡提供了校对、批注操作和工作表保护等功能（见图1-11）。

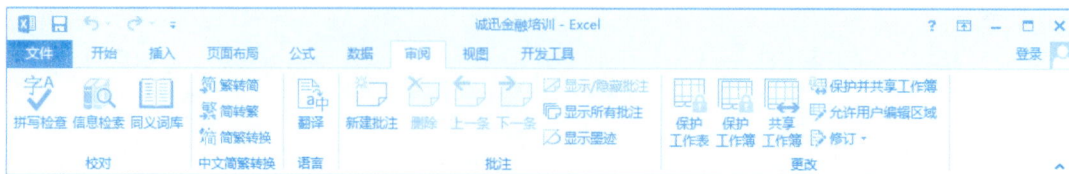

图1-11　"审阅"选项卡及功能区命令

（7）"视图"选项卡

"视图"选项卡主要是对 Excel 工作簿页面显示的设置，包括显示方式、显示对象、显示比例，窗口设置等功能（见图 1-12）。

图 1-12 "视图"选项卡及功能区命令

（8）"开发工具"选项卡

"开发工具"选项卡包含了使用 VBA 语言、宏、控件、XML 等的相关命令。这一选项卡在默认状态下是不显示的。选择"文件"按钮下的"Excel 选项"，调出"Excel 选项"对话框，在"自定义功能区"中勾选"开发工具"，则可以在功能区显示"开发工具"选项卡（见图 1-13）。

图 1-13 显示"开发工具"选项卡

设置显示"开发工具"选项卡后的功能区如图 1 – 14 所示。

图 1 – 14 "开发工具"选项卡及功能区命令

2. 上下文选项卡

除了常规的选项卡外，Excel 还提供了上下文选项卡。在选择某些对象（如图表、表格等）时，功能区就会显示处理该对象的上下文选项卡。

如图 1 – 15 所示，当图表被选中时，会出现"图表工具"上下文选项卡，包括"设计""格式"等专用于图表调整的上下文选项卡。

图 1 – 15 上下文选项卡

3. 外部插件选项卡

使用外部插件选项卡，可以增强 Excel 的功能，比如"Wind"选项卡和"ACROBAT"选项卡（见图 1 – 16、图 1 – 17）。

图 1 – 16 "Wind" 选项卡

图 1 – 17 "ACROBAT" 选项卡

4. 新版本新增功能

Excel 一直在不断调整和更新其功能。在一些较新的版本中还出现了一些新功能。比如 Excel 2016 版本中增加了绘图选项卡，可以在 Excel 文件中进行演示和绘画（见图 1 – 18）。

图 1 – 18 绘图选项卡（Excel 2016）

2

Excel
操作基础

本章主要介绍 Excel 基本操作方法以及 Excel 快捷键中的常用命令键，这些是 Excel 使用者进行财务数据处理和建立财务模型必备的技能。

本手册用图标的形式强调了 Excel 中常用的快捷键，这些快捷键可以替代鼠标操作。实践证明，用好这些快捷键能极大地提高工作效率和准确程度。附录提供了 Excel 的常用快捷键列表（包括 Windows 系统及苹果 Mac 系统下 Excel 的常用快捷键）。

> **重要提示**：本手册中重要快捷键组合在第一次提到时均以按键图标形式展示，按键之间用加号"＋"连接表示使用时需要同时按下几个按键；按键之间用右方向箭头"→"连接表示需要依次按下几个按键。
>
> 例如：
>
> **Ctrl** ＋ **V**
>
> 表示"同时按下 Ctrl 和 V 两个按键"，通常可以先按住常用命令键（比如 Ctrl、Shift、Alt）不放，然后再按下其他按键实现同时按下。在本章及以后章节也会用"Ctrl＋V"表示。
>
> **Alt** → **T** → **O**
>
> 表示"依次按下 Alt、T、O 三个按键"，指每按一个键，就松开，接着按下一个键。在本章及以后章节也会用"Alt→T→O"表示。

2.1 常用命令键

快捷键通常是几个按键配合实现某些功能，本节介绍几个使用快捷键时经常用到的按键：Ctrl、Alt、Shift 和 Tab 键。如图 2 - 1 典型 Thinkpad 笔记本键盘布局中左下角的几个按键（实线框）。

图 2 - 1　键盘布局

1. Ctrl

Ctrl 键第一个功能是与其他按键（字母按键、数字按键、F1 ~ F12 功能按键）配合使用执行相应的操作命令，如"Ctrl + C"（复制）、"Ctrl + S"（保存）、"Ctrl + 1"（数字 1，设置单元格格式）、"Ctrl + F3"（定义名称）等。如果与 Ctrl 键配合使用的是字母按键，则该字母通常是这个快捷键所代表命令的英文单词首字母。如"Ctrl + C"中，C 是"复制"的英文单词 Copy 的首字母；"Ctrl + S"中，S 是"保存"的英文单词 Save 的首字母。

Ctrl 键的第二个功能是配合方向键（即键盘的"↑""↓""←""→"键）实现光标的快速移动，跨越连续的空单元格或连续的非空单元格。如图 2 - 2 中，光标初始停留在 A5 单元格。

（1）如果从空单元格出发，则光标快速跳到第一个非空单元格。如从 A5 单元格出发，同时按下 Ctrl 键和右方向键"→"（"Ctrl + →"），则光标直接跳到 C5 单元格，如图 2 - 3 所示。

	A	B	C	D	E	F	G	H	I
1									
2									
3				2013	2014	2015	2016	2017	
4			营业收入	100	125	160	220	300	
5			营业收入增长率		25.0%	28.0%	37.5%	36.4%	
6									

图 2 - 2　Ctrl 键与方向键配合快速移动光标（1）

	A	B	C	D	E	F	G	H	I
1									
2									
3				2013	2014	2015	2016	2017	
4			营业收入	100	125	160	220	300	
5			营业收入增长率		25.0%	28.0%	37.5%	36.4%	
6									

图 2 - 3　Ctrl 键与方向键配合快速移动光标（2）

（2）如果从非空单元格出发，且移动方向的第一个单元格为空单元格，则光标快速跳到下一个非空单元格。如从 C5 单元格出发，使用"Ctrl + →"，则光标直接跳到 E5 单元格，如图 2 - 4 所示。

	A	B	C	D	E	F	G	H	I
1									
2									
3				2013	2014	2015	2016	2017	
4			营业收入	100	125	160	220	300	
5			营业收入增长率		25.0%	28.0%	37.5%	36.4%	
6									

图 2 - 4　Ctrl 键与方向键配合快速移动光标（3）

（3）如果从非空单元格出发，且移动方向为连续非空单元格，则光标快速跳到连续非空单元格的最后一个单元格。如从 E5 单元格出发，使用"Ctrl + →"，则光标直接跳到 H5 单元格，如图 2 - 5 所示。

	A	B	C	D	E	F	G	H	I
1									
2									
3				2013	2014	2015	2016	2017	
4			营业收入	100	125	160	220	300	
5			营业收入增长率		25.0%	28.0%	37.5%	36.4%	
6									

图 2 - 5　Ctrl 键与方向键配合快速移动光标（4）

（4）从 H5 单元格出发，按下"Ctrl + →"，由于该行后面都是空单元格，则光标直接跳到该行最后一个单元格。

在第 5 章导航列中使用这种方式可以快速浏览 Excel 模型的结构。

2. **Alt**

Alt 键一项很重要的功能是与菜单或选项名称后的字母配合使用，实现指定的功能。

在 Excel 2007 及之后版本中，按下 Alt 键，在文件按钮、快速访问工具栏和功能区选项卡附近会出现字母框，表明可以继续依次按下这些字母或数字，选择其代表的功能。

图 2 - 6　用 Alt 键访问功能区（1）

如在图 2 - 6 中再按下 H 键则表示选择了"开始"选项卡，此时 Excel 功能区会显示"开始"选项卡下命令对应的字母，如图 2 - 7 所示。

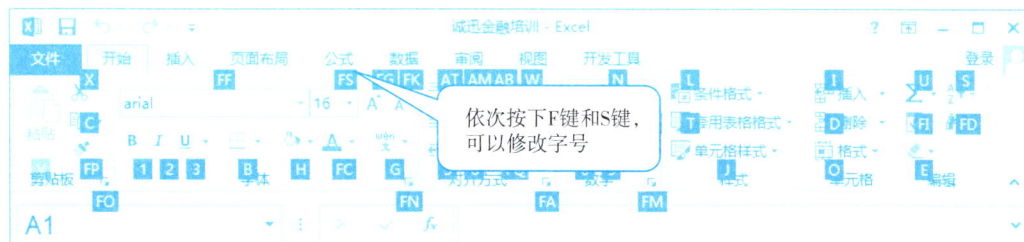

图 2 - 7　用 Alt 键访问功能区（2）

激活功能区选项卡后，如果要选择某个命令，可以继续按下其旁边的提示字母。有的字母框中显示了两个字母，表示需要依次按下这两个字母才可以选择该命令。例如要修改字号，则需要依次按下 F 键和 S 键（实际操作中，通常选择常用并且快捷键简单好记的功能频繁使用，比如添加/减少小数位数"Alt→H→0/9"，模拟运算表"Alt→D→T"等，这些快捷键在后面章节会有介绍）。

用 Alt 键加字母的方式选择功能时，如果按下 Esc 键，则撤消上一步选择；如果按下 Alt 键，则撤消之前的所有选择。

使用过 Excel 2003 版本的读者可能觉得原来的基于 Alt 的快捷键好记（因为基本都是对应功能英文单词的首字母作为提示），这些 Excel 2003 版本的快捷键在 Excel 2007 及之后版本通常可以继续使用（比如打开"Excel 选项"的快捷键"Alt→T→O"，打开"模拟运算表"的快捷键"Alt→D→T"）。同时在 Excel 2007 及之后版本，使用旧版快捷键时，功能区会出现相应提示信息。

例如用快捷键"Alt→T→O"调出"Excel 选项"对话框（T 对应 Excel 2003 版本"工具"菜单英文单词 Tools 的首字母，O 对应 Excel 2003 版本"选项"菜单英文单词 Option 的首字母），当用户按下 Alt 键和 T 键后，可以看到如图 2-8 所示的提示信息。

Office 访问键：ALT，T，

继续键入 Office 旧版本菜单键序列，或按 Esc 取消。

图 2-8 Office 2003 访问键

用户可以按 Excel 2003 版本中的菜单提示按键继续键入。再按下 O 键，则可以在 Excel 中调出"Excel 选项"对话框。

依次按下 Alt、T、O 键，就相当于选择"工具"菜单下的"选项"子菜单。

> **提示：** Excel 2003 版本基于 **Alt** 的快捷键的提示字母通常是所选功能英文单词的首字母，比较容易记忆，但未使用过 Excel 2003 版本的读者，可以直接使用自己 Excel 界面上看到的提示文字。

【例】使用快捷键快速对 Excel 单元格添加/减少小数位数。

若希望快速调整单元格数字的小数位数。除了使用鼠标点击相关按钮外，也可以借助快捷键来完成。添加/减少小数位数的按钮设在 Excel 的"开始"选项卡中间位置。如图 2-9 所示。按下 Alt 键后，依次按下"开始"选项卡对应的 H 键，添加小数位数的数字 0 或减少小数位数的数字 9，即快捷键"Alt→H→0/9"，即可实现小数位数的增减。

图 2-9 利用 Alt 键修改小数位数

在 Excel 弹出的对话框中，也可以利用 Alt 键配合字母实现功能。比如在后面调整单元格格式时，打开的"设置单元格格式"对话框里，可以看见很多地方出现带下划线、括号的英文字母。使用"Alt + 字母提示"即相当于用鼠标激活相关功能。

【例】在"设置单元格格式"对话框中用键盘调整小数位数和选择千位分隔符。

操作方式如下，在图 2 - 10 左图中可以看到"小数位数（D）"和"使用千位分隔符（，）（U）"两个选项及字母提示。按下"Alt + D"即选中小数位数数字框，可以修改为 1 位小数，接着按下"Alt + U"可以将千位分隔符左边的复选框勾选，调整后效果如图 2 - 10 右图所示。

图 2 - 10　用键盘"设置单元格格式"

另外，Alt 键还可以和其他一些按键组合构成操作命令，比如"Alt + ="（自动求和）、"Alt + '"（设置样式），"Alt + F4"（关闭 Excel 程序）等。

> 提示：苹果 Mac 系统下的 Excel 版本，通常不支持基于 Alt 的快捷键。

3. Shift

Shift 键第一个功能是上位键功能。比如键盘数字键 8 上半部分的符号为乘号"＊"，则同时按下 Shift 键和数字键 8，就可以输入"＊"。另外，大写字母也可以通过 Shift 键加字母按键输入。

Shift 键第二个功能是配合方向键实现对单元格区域的连续选择。按住 Shift 键的同时按方向键，就可以向该方向连续选择单元格。如果上下连续选择的单元格超过一屏，可以借助向上翻页"PgUp"和向下翻页"PgDn"两个按键。

图 2–11 即在 C4 单元格按住 Shift 键，按两下"→"和两下"↓"选择了 3×3 的矩形区域 C4:E6。

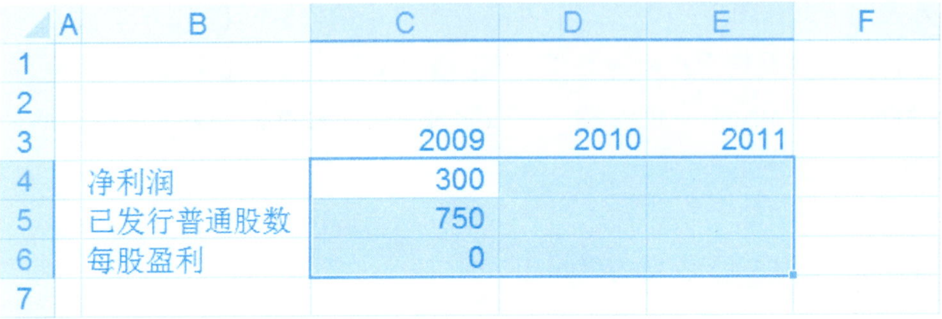

	A	B	C	D	E	F
1						
2						
3			2009	2010	2011	
4		净利润	300			
5		已发行普通股数	750			
6		每股盈利	0			
7						

图 2–11　用 Shift 键选择

Shift 键第三个功能是实现逆向选择。比如在 Excel 的对话框中可以用 Tab 键切换到下一个选项，用"Shift + Tab"则可以切换到上一个选项。

Shift 键第四个功能是与 F1～F12 功能键配合使用实现某些功能。如"Shift + F2"（添加/编辑批注），"Shift + F10"（打开鼠标右键菜单）等。

> 提示：某些电脑键盘的默认设置中，F1～F12 功能键需要配合 Fn 键才能实现本手册中的效果，但通常可以调整设置。比如多数 Thinkpad 笔记本电脑可以通过快捷键"Fn + Esc（FnLk）"来切换该设置。
> 在本书中默认为设置已调整好，可以直接通过 F1～F12 功能键来实现相关效果。

4. Tab

Tab 键是切换键，常用的功能有：

（1）在工作表中，使用 Tab 键可以让光标向右移动一个单元格。

（2）在弹出的对话框中，使用"Ctrl + Tab"键切换到下一个选项卡；使用"Ctrl + Shift + Tab"切换到上一个选项卡。

（3）在对话框中的选项卡下，使用 Tab 键在不同选项之间切换（见图 2–12）。

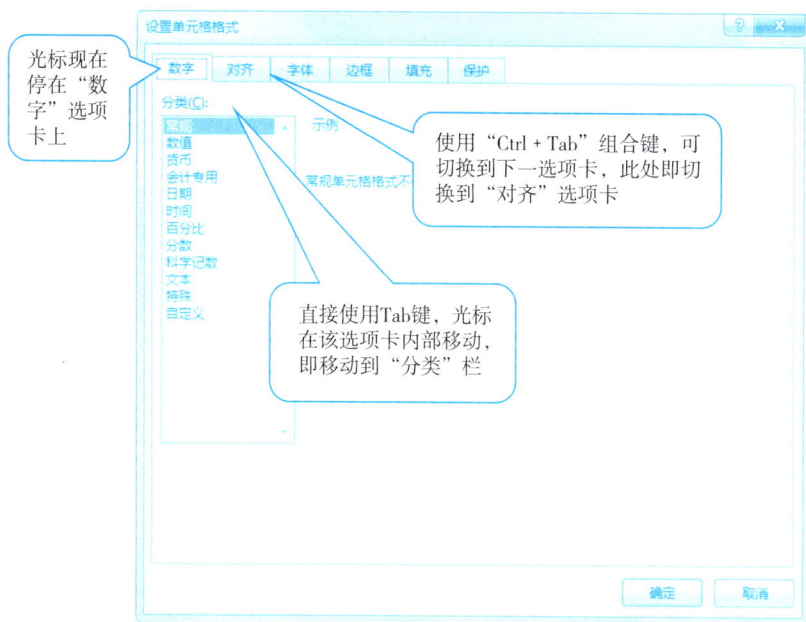

图 2 – 12 Tab 键使用

2.2 工作表切换

在使用 Excel 建立财务模型时，通常一个文件含有多个工作表，经常需要快速地在不同工作表之间来回切换。

在工作表之间进行切换有三种主要方法：

（1）鼠标左键单击工作表标签。如果工作表标签过多而不能完全显示，则可用鼠标左键单击工作表标签左侧的标签滚动按钮，如图 2 – 13 所示。

图 2 – 13 工作表切换——方法一

（2）鼠标右键单击标签滚动按钮，可以显示工作簿中所有工作表的名称，从中选择需要的工作表。这种方法适合文件复杂，工作表特别多的时候。如图 2 – 14 所示。

图 2 – 14　工作表切换——方法二

（3）使用快捷键快速切换到相邻工作表。向前翻页和向后翻页的快捷键分别为：

Ctrl + **PgUp** （向前翻页）

Ctrl + **PgDn** （向后翻页）

提示：部分电脑键盘上的"PgUp""PgDn""Home""End"等是用其他颜色（比如蓝色、橙色）小字显示的，同时键盘中 Fn 键也使用该颜色。通常表示这些功能需要同时按下 Fn 键和该键才能使用到特殊颜色代表的功能。

苹果 Mac 电脑中 Fn 键和"↑""↓""←""→"按键同时使用可分别实现"PgUp""PgDn""Home""End"的功能。

2.3 单元格选择

1. 移动单元格

在 Excel 中经常会使用方向键"↑""↓""←""→"来移动光标,以选择单元格。

按 Tab 键可以选择当前单元格右边的单元格,按下"Shift + Tab"可以选择当前单元格左边的单元格。

使用"PgUp"和"PgDn"键可以向上、向下移动一屏。按下"Alt + PgUp""Alt + PgDn"可以向左、向右移动一屏。

如果要选择工作簿内其他工作表的单元格,可以先用"Ctrl + PgUp"或"Ctrl + PgDn"切换至相应工作表,然后再移动光标选择相应的单元格。

使用"Ctrl + Home"可以将光标快速移动到页面左上角单元格(在没有冻结窗格的情况下即为 A1 单元格),使用"Ctrl + End"可以将光标快速移动到页面操作过的最右下角的单元格(即操作过的最右列及最下行交叉对应的单元格)。

2. 连续选择单元格

Excel 还提供了一些组合键,可以连续选择多个单元格,熟练使用后效果明显:

"Shift + 方向键":向某个方向连续选择。按住 Shift 键,每按一次方向键,则向相应方向扩展一个单元格。

"Ctrl + Shift + 方向键":向某个方向快速连续选择。在介绍 Ctrl 键时提到过,Ctrl 键配合方向键可以实现光标的快速移动,而 Shift 键表示连续选择,所以"Ctrl + Shift + 方向键"即表示向某个方向快速连续选择。

"Ctrl + Shift + End":快速连续选择至操作过的区域最右下角的单元格(包括已清除内容的单元格)。

"Ctrl + Shift + Home":快速连续选择至工作表最左上角的单元格。

"Shift + PgUp/PgDn":快速向上/向下连续选择一批(一页)单元格。

【例】在图 2 – 15 中,光标初始在 B3 单元格。

(1)如果用"Shift + ↓",则连续向下扩展一个单元格,即至 B4 单元格,选择区域为 B3:B4;

(2)如果用"Ctrl + Shift + ↓",则连续向下扩展至 B5 单元格,选择区域为 B3:B5;

图 2 – 15　单元格选择

（3）如果用"Ctrl + Shift + End"，则从 B3 单元格开始选择至操作过的区域最右下角的
C8 单元格（该表中的空单元格均未有过操作），选择区域为 B3：C8（见图 2 – 16）。

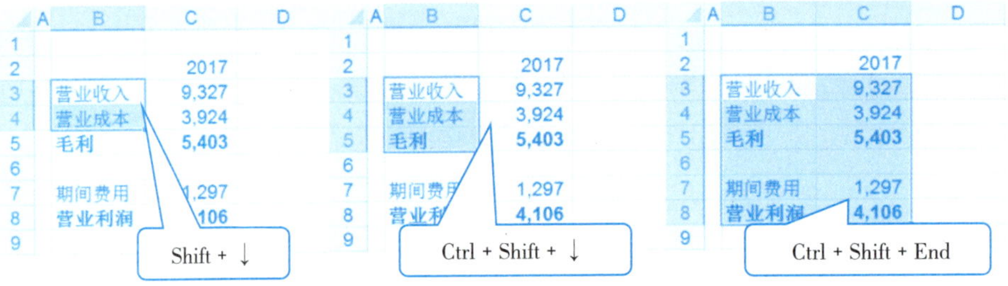

图 2 – 16　不同操作下单元格选择的结果

若想演练单元格选择的更多高级功能，请查阅第 5 章"定位"功能。

2.4　　　　　　　　　　　　　　　　　　　　　　　　　　　　输入与编辑

1. 输入

在 Excel 单元格中，可以输入数值、文本或公式等，下面主要介绍公式的输入。

输入公式时，需要先输入"＝"。公式中的参数可以是直接输入的数值，也可以引用其
他单元格。如果引用其他单元格，可用上一节介绍的方法移动光标去选择该单元格，公式中
会生成该单元格的行号、列标，如果是跨表单元格，则还会生成相应工作表名。如果被引用
单元格的数值发生改变，公式将重新计算，输入公式的单元格会显示新的计算结果。

如图 2–17 中 C6 单元格的公式"= C3 – C5"表示"C6 单元格的值等于 C3 单元格的值减去 C5 单元格的值"。一旦 C3 单元格或 C5 单元格的值发生改变，C6 单元格的值会相应变化。

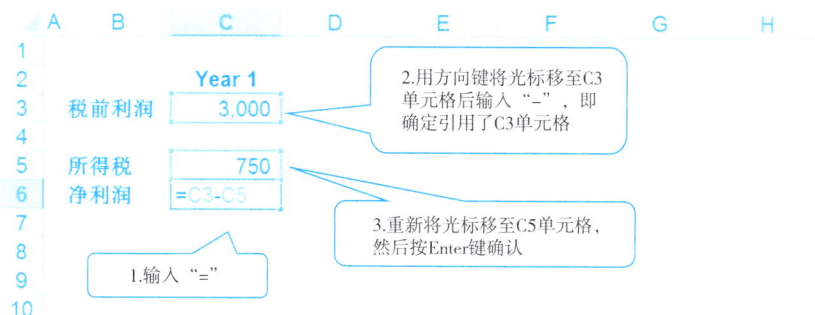

图 2–17 输入公式方法

> 提示：输入公式时，在选择需引用的单元格后，如果公式输入完成，则直接按 **Enter** 键确认；如果还需要引用其他单元格，则一定要先输入运算符号，再移动光标选择其他单元格！这一点在跨表引用时尤其需要注意，不少初次使用 **Excel** 的用户在跨表选择单元格后，习惯先将工作表切换回来，再输入运算符号。这样所引用的单元格也会随着工作表的切换而变换，导致错误的单元格引用。

2. 编辑

在单元格中输入内容或者进行修改时，Excel 的状态栏可以显示当前单元格所处的状态，包括"就绪"、"编辑"、"输入"和"点"。

就绪：光标在单元格之间切换时，所选的单元格的状态会显示为"就绪"，表明该单元格准备接受命令和数据（见图 2–18）。

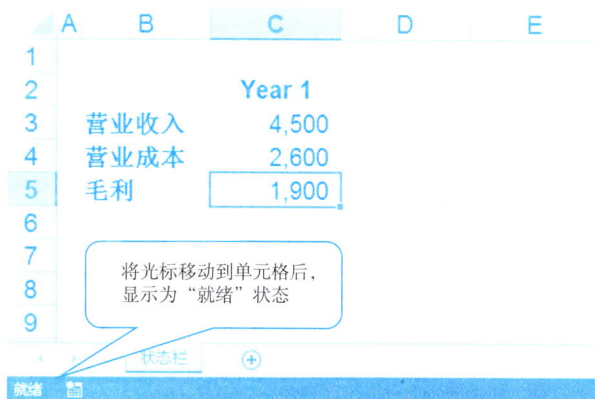

图 2–18 状态栏——"就绪"

编辑： 选择单元格之后按 F2 键，单元格状态会由"就绪"切换为"编辑"。"编辑"状态下可以对单元格的内容/公式进行修改，此时移动方向键，光标只能在单元格内部移动（见图 2 – 19）。

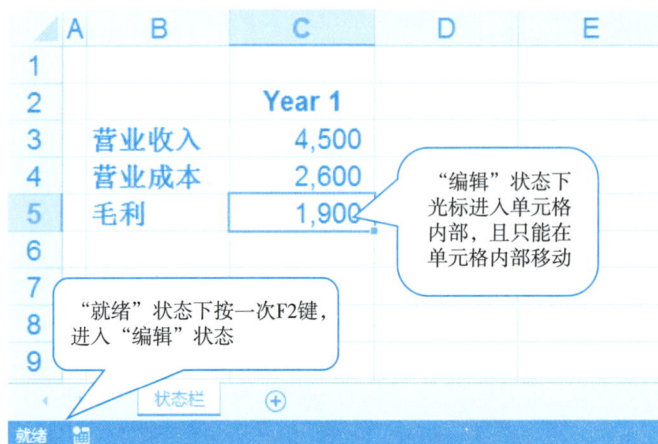

图 2 – 19　状态栏——"编辑"

输入： 在"编辑"状态下再按 F2 键，单元格状态会切换为"输入"，此时可以将光标移出单元格去选择其他单元格（见图 2 – 20）。

点： 光标移出公式选择单元格时，状态会显示为"点"。

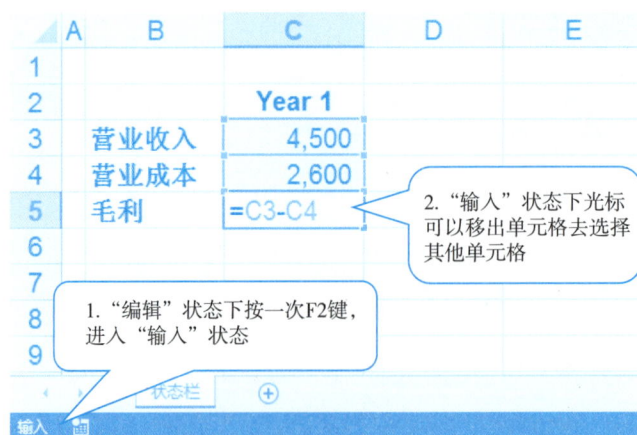

图 2 – 20　状态栏——"输入"

> **提示：** 需重新用方向键引用单元格时，一定要先在"编辑"状态下将光标移动到须引用单元格在公式中的正确位置，再按 F2 键切换为"输入"状态去引用相应单元格。

【例】如图2-21所示，已知某公司某年的营业收入和营业成本，计算当年毛利。

在本例中，毛利等于营业收入与营业成本之差，即 C5 = C3 - C4。如果在输入公式时错误引用了 C2 单元格作为营业收入，则会得到错误的结果。这时需要修改公式，操作步骤如下：

步骤一：将光标移动到 C5 单元格，按 F2 键进入"编辑"状态，在单元格内将光标移动到需要替换的"C2"位置（见图2-21）。

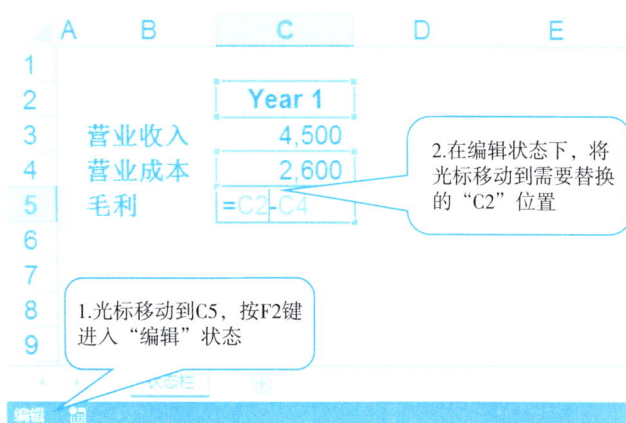

图2-21 公式修改——步骤一

步骤二：Backspace 键删除错误的"C2"后，再按 F2 键进入"输入"状态，然后可以用方向键将光标移出单元格，选择 C3 单元格后按 Enter 键确认（见图2-22、图2-23）。

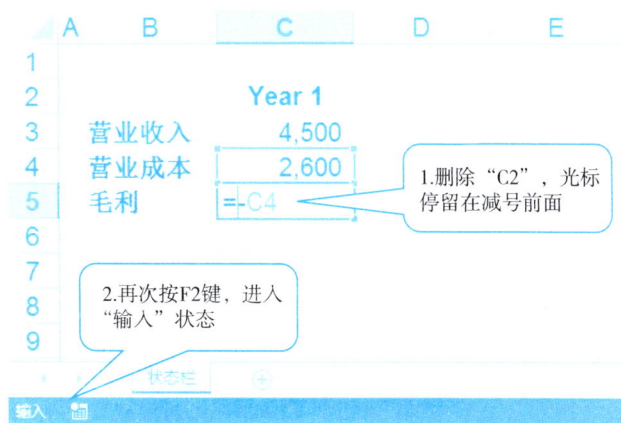

图2-22 公式修改——步骤二

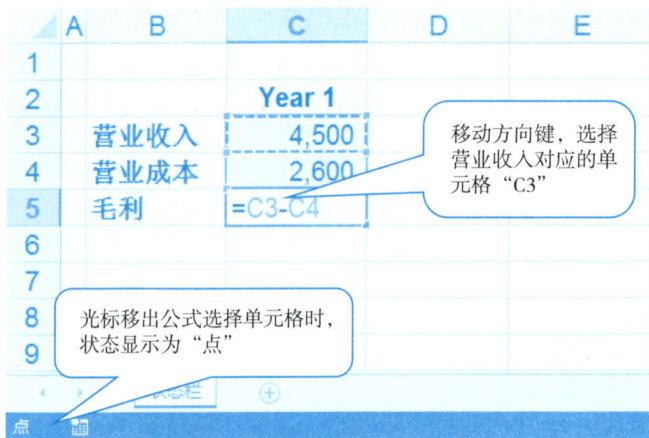

图 2 – 23　公式修改——修改完成

3. 错改单元格怎么办

在查看公式的过程中，如果不小心误改了单元格原有的公式，此时不必重新输入公式或直接在单元格内将公式改回。更好的方法是直接取消错误修改的操作，恢复到查看公式之前的单元格状态，有两种情况：

（1）如果还未按 Enter 键确认，则直接按 Esc 键退出。这是最安全、最快捷的方法，退出后该单元格的内容不会产生任何变动。

（2）如果已经按 Enter 键确认，则使用"撤消"按钮 取消上一步操作。"撤消"功能是对上一步操作进行撤消，除撤消错改单元格外，也可以对其他操作进行撤消。"撤消"功能对应的快捷键为：

> **提示：** 若需撤消刚操作完的撤消动作，可以使用"Ctrl + Y"，苹果 Mac 系统 Excel 下的快捷键是"Command + Y"。

4. 删除单元格内容

键盘上有两个删除键：Delete 键和 Backspace 键，这两个键的使用是有区别的：

（1）单元格处于"编辑"状态时，即可以修改单元格内的内容，Delete 键是向后删除一个字符，而 Backspace 键是向前删除一个字符。

（2）单元格处于"就绪"状态时，使用 Delete 键可以直接删除单元格内容，之后该单元格仍然处于就绪状态；而使用 Backspace 键删除单元格内容后该单元格进入输入状态，还需要将光标移走或者按下 Enter 键才能确认删除。

（3）选中一片区域后，使用 Delete 键可以删除该区域内所有单元格的内容，而使用 Backspace 键只能删除区域首个单元格的内容。

> **提示：在建模的操作过程中，通常直接使用 Delete 键删除单元格内容更为高效。**
>
> **部分苹果 Mac 系统 Excel 中，直接删除时需要使用"Fn + Delete"。**

Delete 键和 Backspace 键都只能清除单元格的内容，而不能清除格式、批注等。使用如下方法，可以将单元格的格式、批注等完全清除。

在 Excel 中，选择"开始"选项卡→"清除"按钮（"编辑"组），在弹出的菜单中选择"全部清除"，则可以将单元格的内容和公式等全部清除。此外，还可以选择"清除格式"、"清除内容"或"清除批注"（见图 2-24）。

在实际操作中，通常清除的目的不是把所有格式全部清除，而是想让有格式的单元格恢复默认格式（比如没有边框，没有背景颜色，字体颜色为默认颜色等）。便捷的方式是找默认格式的空单元格，将其复制并粘贴至想恢复默认格式的单元格上即可（本质上就是"清除内容 + 格式刷"效果，在后面会介绍到复制、粘贴、选择性粘贴的快捷键，使用键盘操作也可以快速实现同样效果）。

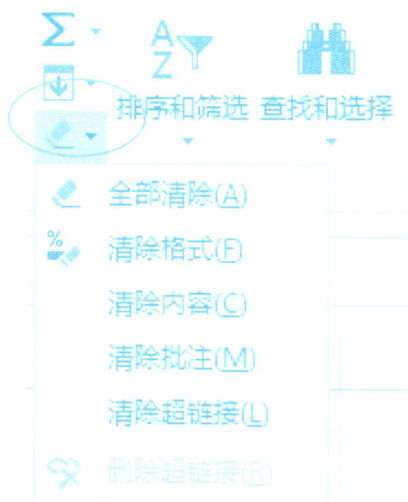

图 2-24 "开始"选项卡→"清除"按钮（"编辑"组）

2.5 复制、剪切、粘贴

1. 复制、剪切、粘贴的一般方法

复制、剪切和粘贴的操作在建模过程中会频繁使用。

Excel 中，在"开始"选项卡中有相应的按钮实现这些功能（见图 2 – 25）。

图 2 – 25 "开始"选项卡→"复制""剪切""粘贴"

也可以使用相应的快捷键来完成这些功能：

Ctrl + C （复制）

Ctrl + X （剪切）

Ctrl + V （粘贴）

选中需要复制的单元格（或区域），按"Ctrl + C"后，单元格（或区域）四周会出现跳动的虚线边框，表示单元格（或区域）处于复制状态，此时可以将光标移动到目标单元格（或区域）进行粘贴操作。

Excel 中的粘贴功能有多种实现方式，如直接按回车键或用"Ctrl + V"快捷键。使用"Ctrl + C"复制时会将单元格的公式、格式及批注等属性全部复制，用回车键或"Ctrl + V"快捷键粘贴时可将复制区域的全部属性粘贴。

> **提示**：复制后用快捷键"Ctrl + V"和 Enter 键进行粘贴操作，效果是不同的。
>
> 用"Ctrl + V"粘贴后，被复制区域的复制状态仍然存在，可以继续进行粘贴操作；
>
> 用 Enter 键粘贴后，被复制区域的复制状态消失，不能再进行粘贴操作。
>
> 苹果 Mac 系统 Excel 版本通常不支持 Enter 键粘贴。

2. 向右、向下复制

由于 Excel 工作通常都是由左至右展开的，所以 Excel 特意提供了把左边单元格向右复制的快捷键：

Ctrl + R

Excel 的许多快捷键是可以基于理解记忆。比如此处 R 代表英文单词"Right，向右"的首字母，所以"Ctrl + R"代表向右复制。类似的像上文"复制"快捷键"Ctrl + C"，C 代表"Copy，复制"等。

【例】预计某公司未来 6 年的营业收入和营业成本如图 2 - 26 所示，已经在 C6 单元格用公式计算出 2018 年的毛利，要求计算出之后 5 年的毛利。

	A	B	C	D	E	F	G	H	I
1									
2			2018E	2019E	2020E	2021E	2022E	2023E	
3		营业收入	300.0	330.0	360.0	415.0	450.0	495.0	
4		营业成本	210.0	230.0	260.0	295.0	315.0	350.0	
5									
6		毛利	90.0		显示C6单元格的公式				
7			=C3-C4						
8									

图 2 - 26 向右复制示例

> 提示：为了让读者理解更清晰，我们会在重要单元格的附近显示该单元格的公式（如图 2 - 26 中 C7 单元格给出了 C6 单元格的公式）。本章和以后章节会使用同样的方式。

2019 年及以后年份的毛利所需的公式的相对引用关系与 C6 单元格相同，因此可以使用向右复制得到后续毛利公式。首先选中整个需要复制到的 C6：H6 区域（包括已经输入公式的 C6 单元格，见图 2 - 27）。

	A	B	C	D	E	F	G	H	I
1									
2			2018E	2019E	2020E	2021E	2022E	2023E	
3		营业收入	300.0	330.0	360.0	415.0	450.0	495.0	
4		营业成本	210.0	230.0	260.0	295.0	315.0	350.0	
5									
6		毛利	90.0						
7			=C3-C4						
8									

图 2 - 27 向右复制示例——步骤一

选定复制区域 C6：H6 后，按下"Ctrl + R"，就可以将 C6 单元格的公式以及格式复制到以后年份（见图 2 – 28）。

	A	B	C	D	E	F	G	H	I
1									
2			**2018E**	**2019E**	**2020E**	**2021E**	**2022E**	**2023E**	
3		营业收入	300.0	330.			450.0	495.0	
4		营业成本	210.0	230.	将C6单元格的公式以及格式复制至以后年份		315.0	350.0	
5									
6		毛利	90.0	100.0	100.0	125.0	135.0	145.0	
7			=C3-C4					=H3-H4	
8									

图 2 – 28　向右复制示例——步骤二

类似于向右复制，Excel 同样提供了向下复制功能，操作方法与向右复制类似，用于将单元格复制到其下方的连续单元格。快捷键为：

Ctrl ＋ D

> 提示：如果只需要向右或向下复制一个单元格，可将光标移动到需要复制到的单元格，使用相应快捷键即可。如在上例中，若只将 2018 年的公式向右复制到 2019 年，可将光标移动到 D6 单元格即 2019 年对应的毛利单元格，按下"Ctrl + R"即可。
>
> 另外，需要注意的是，"Ctrl + R/D"只能复制原单元格的内容（文字、公式等）及格式，不能复制原单元格的批注。

3. 选择性粘贴

复制后进行粘贴操作时，Excel 默认粘贴的不是单元格显示的数值，而是粘贴整个单元格，包括其公式、格式和批注等。如果只需要粘贴单元格的部分属性（如只粘贴单元格的数值），可以使用"选择性粘贴"功能。

【例】图 2 – 29 中 C5 单元格计算出了某公司某年的毛利，将该单元格的计算结果粘贴到 F5 单元格。

如果直接使用复制、粘贴的方式，则粘贴的是整个 C5 单元格，包括公式等，而不是粘贴 C5 单元格的数值。如图 2 – 29 所示。

这种情况下可以利用"选择性粘贴"来粘贴"数值"，步骤如下：

步骤一：选择 C5 单元格，用"Ctrl + C"复制后将光标移动到 F5 单元格。

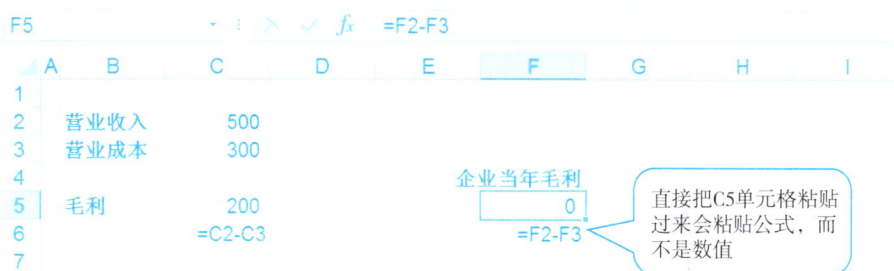

图2-29 粘贴错误示例

步骤二：调出"选择性粘贴"对话框。

快捷键为：

鼠标选择"开始"选项卡→"粘贴"（"剪贴板"组）→"选择性粘贴"，调出"选择性粘贴"对话框，或者直接在"选择性粘贴"下拉菜单中挑选需要实现的粘贴功能。

> 提示："Alt→E→S"来源于 Excel 2003 版本中"编辑"菜单（Edit）下选择"选择性粘贴"（Special），调出"选择性粘贴"对话框。
>
> Excel 2007 中文版本中选择性粘贴的快捷键为"Alt→E→V"（Excel 2007 英文版本中为"Alt→E→S→V"），这是 Excel 2007 与其他版本不同的地方。
>
> "Ctrl + Alt + V"适用于 Excel 2007 及以上版本。

步骤三：在弹出的"选择性粘贴"对话框中选择"数值"选项，可以直接在键盘按下"数值"选项右边的字母"V"（见图2-30）。

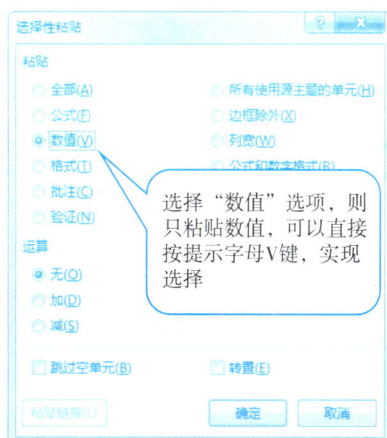

图2-30 利用"选择性粘贴"粘贴"数值"

步骤四：单击"确定"，得到正确的结果如图2-31所示。

图2-31 利用"选择性粘贴"粘贴"数值"后的结果

除了可以粘贴单元格的部分属性以外，在"选择性粘贴"对话框的下方还有一个"转置"选项，其作用是对所选区域进行转置粘贴。比如原区域为2行3列，转置后则为3行2列。

> 提示："选择性粘贴"中的转置功能通常用于转置内容，但转置区域不会随原区域的内容变化而变化。**TRANSPOSE**数组函数可实现转置并建立起随原区域自动变化的效果，详见第4章。

2.6   相对引用与绝对引用

在Excel中输入计算公式时，常常需要引用单元格。引用的方式包括相对引用和绝对引用。

1. 相对引用

相对引用某单元格，是指公式中所引用的是单元格的相对位置。也就是说，公式实际记录的是所引用单元格与公式所在单元格之间的相对位置关系，公式复制时默认的也是复制公式包含的相对位置关系。

举例来说，在图2-32中，C5单元格公式为"=C3-C4"，即是说，C5单元格的值为其上方两个单元格的值之差。把C5单元格复制并直接粘贴到D5单元格后（可以将光标移动到D5单元格后，按下之前提到的向右复制快捷键"Ctrl+R"），D5单元格的值也等于其上方两个单元格的值之差，即D5=D3-D4。

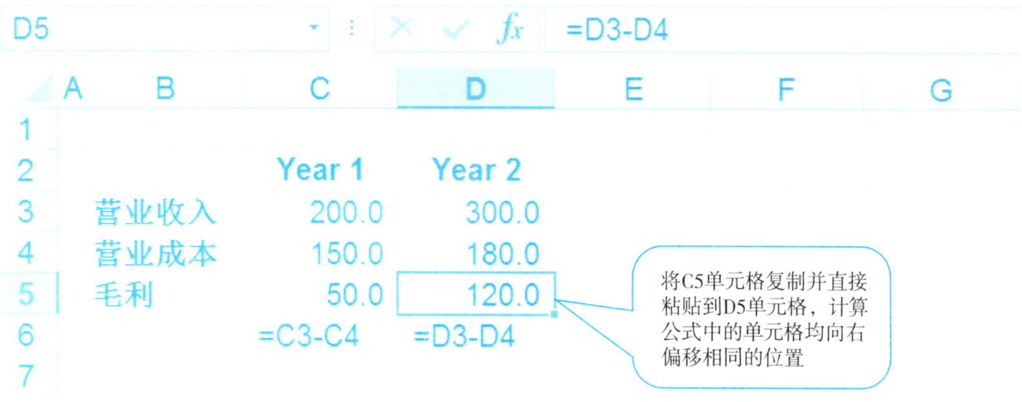

图 2 - 32 相对引用

Excel 默认的单元格引用方式为相对引用，这一特性为建模者提供了极大便利。上一节介绍的复制功能，便是利用了相对引用这一特性。

2. 绝对引用

绝对引用单元格时公式总是引用指定位置的单元格。在复制、粘贴公式的过程中，绝对引用的单元格位置不会发生变化。绝对引用以行号和列标之前的美元符号"$"标示。光标在公式中时，按下 F4 功能键可以将单元格公式中与光标相接的单元格的引用方式从相对引用切换为绝对引用。

若光标不在公式中，F4 功能键可以实现"重复上一次操作"，详见第 5 章。

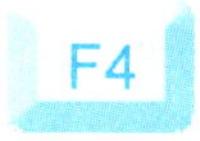

F4

【例】已知某公司第 1 年营业收入，预计该公司未来 2 年的营业收入增长率均为 10%，计算该公司未来 2 年的营业收入。

未来 2 年的营业收入增长率均需要引用 C2 单元格，为了保证在复制公式的过程中保持总是引用 C2 单元格，可以在第 2 年的公式中对 C2 单元格绝对引用（F4 功能键）。对 C2 单元格绝对引用后，就可以将第 2 年的公式复制到第 3 年，如图 2 - 33 所示。

在公式中，F4 键可以让引用单元格在"相对引用""行列绝对引用""绝对引用行""绝对引用列"四种状态之间切换。

相对引用：按相对位置引用单元格。行号和列标之前都没有"$"。

行列绝对引用：始终引用某一固定单元格。行号和列标之前都有"$"，如上例公式中的 C2。

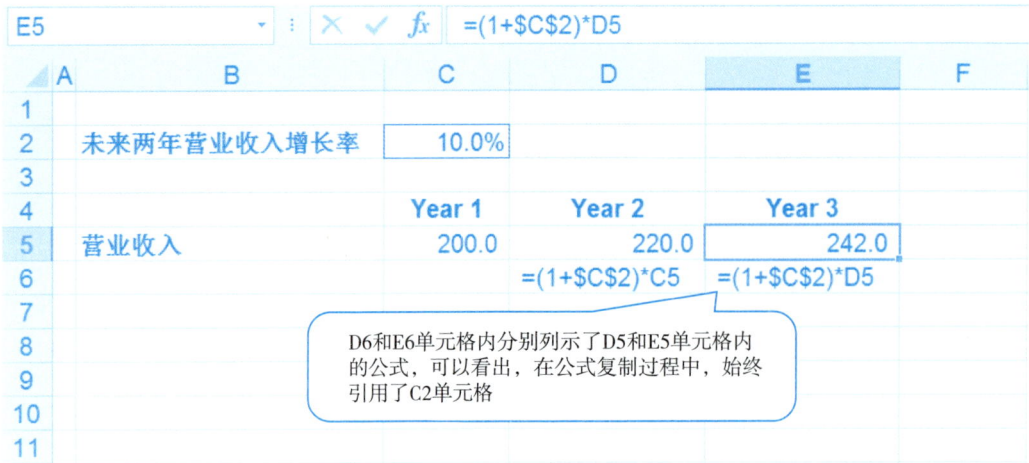

图 2-33 绝对引用

绝对引用行：始终引用某一行的单元格，上、下复制时引用单元格的行不发生变化，而左、右复制时引用单元格的列随复制而变化。只在行号前有 "$"，比如 A$1 表示始终引用第 1 行的单元格。

绝对引用列：始终引用某一列的单元格，左、右复制时引用单元格的列不发生变化，而上、下复制时引用单元格的行随复制而变化。只在列标前有 "$"，比如 $A1 表示始终引用 A 列的单元格。

绝对引用行或绝对引用列又称为混合引用。

【例】在 C2:E2 区域及 B3:B5 区域内的单元格分别输入值后，在行列交叉确定的单元格（C3:E5）计算其乘积（见图 2-34）。

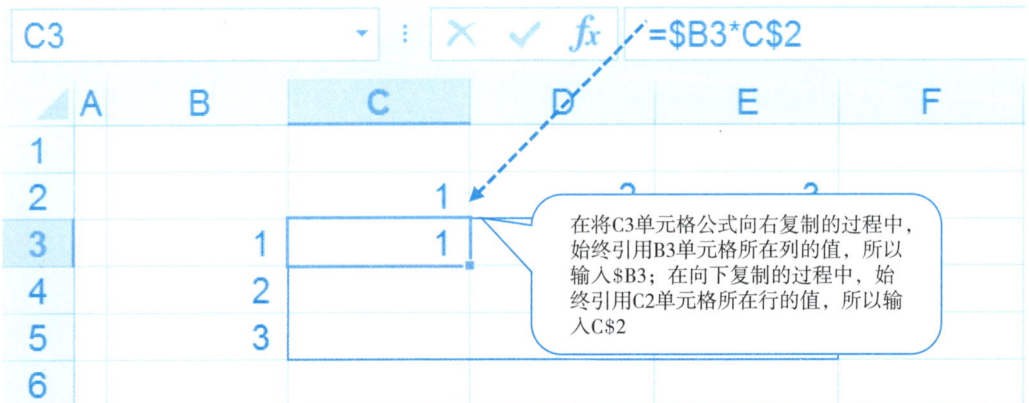

图 2-34 混合引用示例（1）

除了很麻烦地在每个单元格内输入相应的公式外，也可以在 C3 单元格输入一个公式，然后将其复制到整个计算区域。

C3 单元格的计算公式为 C2 与 B3 单元格的乘积。在将该单元格公式向右复制的过程中，需要始终保持引用 B3 单元格所在列（即 B 列）的数值，所以需要固定列标的引用，即在公式中输入 \$B3；在向下复制的过程中，需要保持始终引用 C2 单元格所在行（即第 2 行）不变，所以需要固定行号的引用，即在公式中输入 C\$2。因此在 C3 单元格输入正确的公式为

$$= \$B3 * C\$2$$

接下来选择 C3∶E5 区域，用一次向右复制"Ctrl + R"，一次向下复制"Ctrl + D"，就可以将 C3 单元格的公式复制到整个区域（见图 2 - 35）。

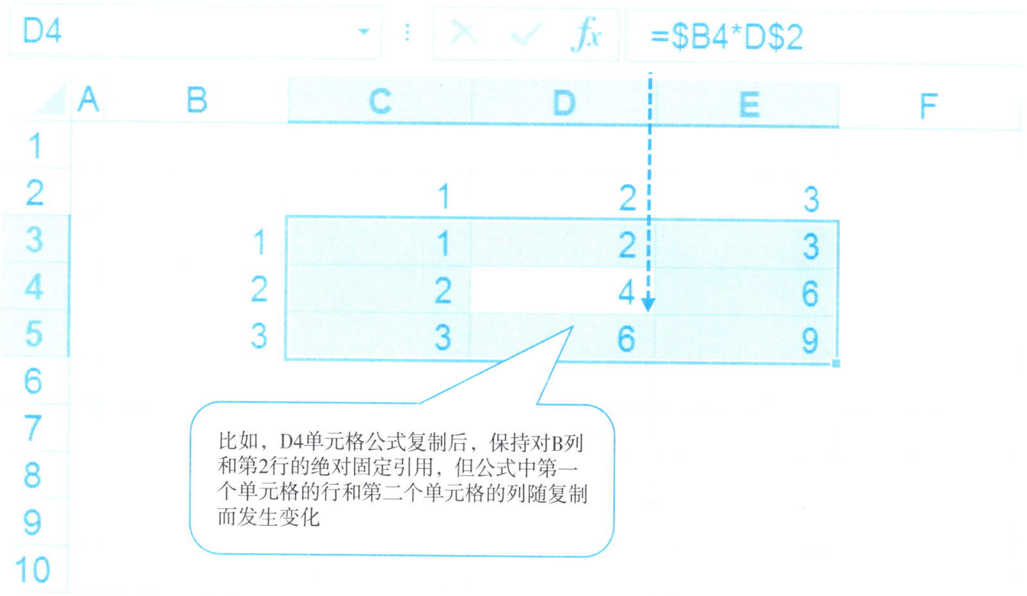

图 2 - 35 混合引用示例（2）

2.7 插入行、列及删除行、列

在建模过程中，有时需要在两行（列）之间插入一行（列）或多行（列），或者需要删除多余的行（列）。

1. 插入行或列

方法一：选中某行或该行中的单元格，选择"开始"选项卡→"插入"（"单元格"组）→"插入工作表行"，则可以在该行上方插入一行，使用"插入工作表列"，则可以在该列左侧插入一列；

方法二：鼠标右键点击行号或列标处，选中整行或整列的同时弹出菜单，在弹出来的菜单中选择"插入"；

方法三：插入行或列，也可以使用快捷键：

Alt → I → R　　　（插入行）

Alt → I → C　　　（插入列）

选中某行或该行中的单元格，按下"Alt→I→R"，则可以在该行上方插入一行；按下"Alt→I→C"，则可以在该列左侧插入一列。

另外，也可以使用"插入"的快捷键：

Ctrl + Shift + =　　　（插入）

> **提示**：插入的快捷键可以用"Ctrl + 加号"来记忆。因为"+"是在"="按键上面的内容。所以在输入"+"时相当于"Shift"和"="同时按下。
>
> 而删除的快捷键是"Ctrl + 减号"，减号是相应按键下面的内容，所以不需用 **Shift** 键。

选择整行（列）后按下"Ctrl + Shift + ="，在该行上方（该列左侧）插入一行（列）（见图2－36）。快捷键"Shift + Space（空格）"选择整行，"Ctrl + Space（空格）"选择整列。但安装中文输入法的电脑选择整列的快捷键通常失效。

图 2－36　插入 1 行

在选择一个单元格（或区域）的情况下，使用"Ctrl + Shift + ="调出"插入"对话框，在对话框中不仅可以选择插入行或列，还可以选择活动单元格向右或向下移动，以插入一个单元格（或与所选区域同样大小的区域）。

此外，如果需要同时插入多行（列），则可以先选中相同数量的行（列），再使用前面所介绍的方式插入，实现一次性插入多行（列）的效果（见图2 - 37）。

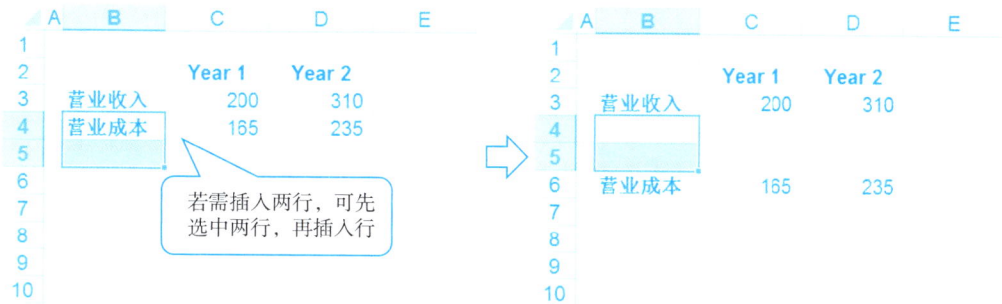

图2 - 37 插入多行

2. 删除行或列

在Excel中，在"开始"选项卡下的"单元格"组中，单击"删除"按钮的下拉箭头，在下拉列表中选择"删除工作表行"或者"删除工作表列"命令，则可以删除活动单元格所在行或列；或者鼠标右键点击行号或列标处，在弹出来的菜单中选择"删除"（见图2 - 38）。

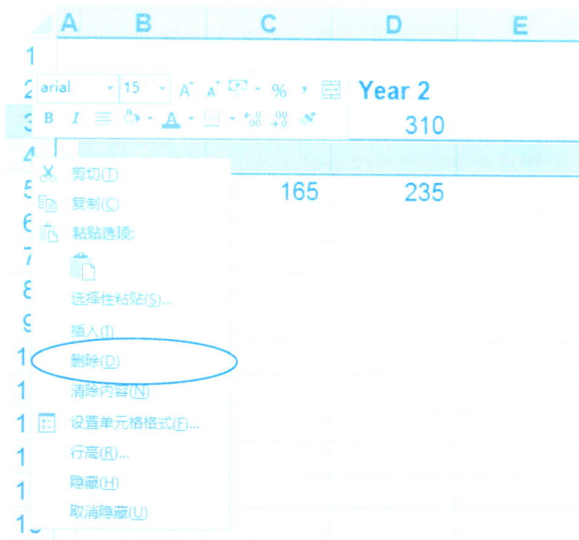

图2 - 38 删除行/单元格

还可以使用快捷键删除：

Ctrl + − （删除）

选中整行或整列后，按下"Ctrl + −"，都可以直接删除选中的行或列；选中某单元格（区域）后，使用快捷键"Ctrl + −"调出"删除"对话框，可以选择"右侧单元格左移"、"下方单元格上移"或删除单元格（区域）所在的行或列。

2.8	隐藏行、列及隐藏工作表

在建模过程中，为了整体视觉效果，有时需要隐藏行列或隐藏工作表。

1. 隐藏行列

财务模型中可能包含着繁杂而不常用的详细信息，这些信息并不是每次打开工作表时都需要显示的，为了使模型看起来简洁清晰，用户可以通过隐藏行、列的方式将其隐藏。

隐藏行（列）或取消隐藏的行（列）的命令可以在"开始"选项卡→"格式"（"单元格"组）→"隐藏和取消隐藏"中找到。

使用快捷键隐藏行（列）更方便：

Ctrl + 9 （隐藏行）

Ctrl + 0 （隐藏列）

如图 2 − 39 所示，将光标放在要隐藏的行的任一单元格（图中为 B2 单元格），按下隐藏行的快捷键"Ctrl + 9"，即可将单元格所在行（第 2 行）隐藏。

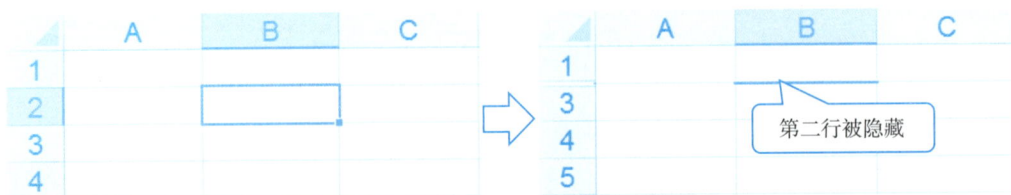

图 2 − 39　隐藏行

类似地，将光标放在要隐藏的列上的任一单元格，按下隐藏列的快捷键"Ctrl + 0"，则可将该列隐藏。

取消隐藏的行（列）的方法是首先选择包含被隐藏行（列）的连续单元格，然后再用取消隐藏行（列）的快捷键：

Ctrl + Shift + 9 （取消隐藏的行）

Ctrl + Shift + 0 （取消隐藏的列）

如图2－40中，要取消C列的隐藏，则可连续选择B2、D2单元格（包含隐藏的C列即可），并使用快捷键"Ctrl + Shift +0"将C列恢复显示。

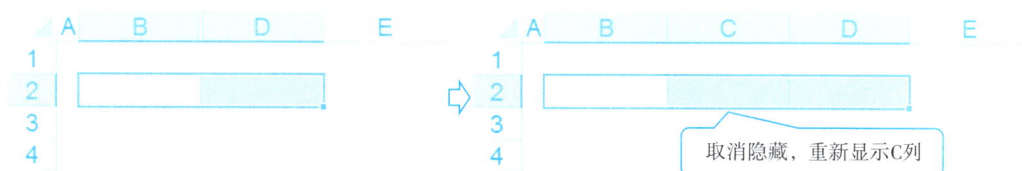

图2－40 取消隐藏列

提示：若取消隐藏列的快捷键无法实现预想效果时，可尝试调整以下设置（不同系统会略有不同）。

1. 在系统的控制面板中寻找"区域和语言"中的"更改键盘或其他输入法"，打开后点击"更改键盘"；

2. 在"文本服务和输入语言"对话框中选择"高级键设置"选项卡，点击"更改按键顺序"；

3. 右边"切换键盘布局"选择"未分配"即可（见图2－41）。

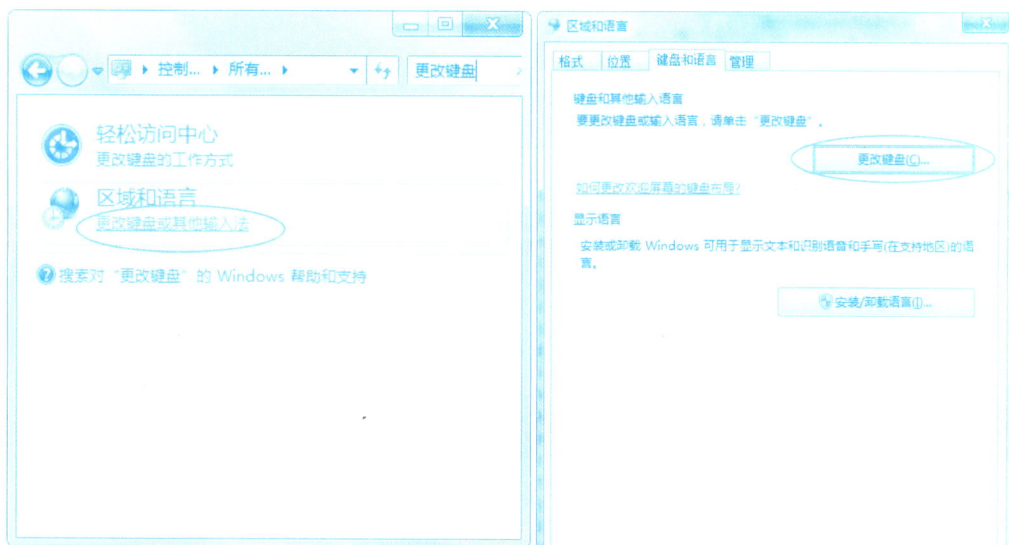

图2－41 关于隐藏列快捷键的设置

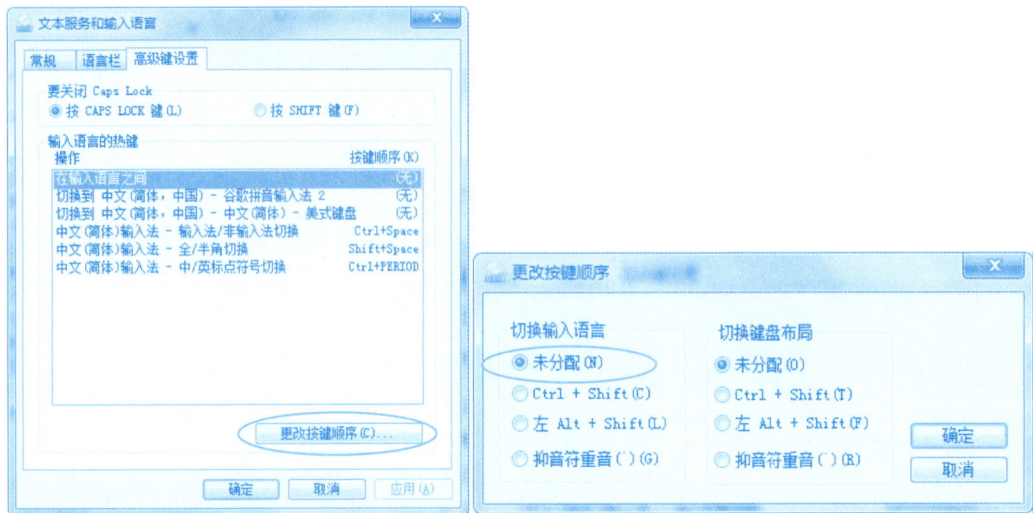

图2–41 关于隐藏列快捷键的设置（续）

如果把页面空白行/列（比如右边和下方的空白列和空白行）全部隐藏，页面呈现时会显得重点突出，清楚简洁。如图2–42所示。

图2–42 隐藏多余空白行列的效果（1）

【例】希望将图 2 - 43 所示工作表 G 列及右边所有列隐藏，11 行及下方所有行隐藏。

（1）光标放在 G 列，比如 G1 单元格，使用 "Ctrl + Shift + →"，连续选择 G1 单元格及右边所有单元格（比鼠标方便），按下 "Ctrl + 0" 实现隐藏列。

（2）光标放在 11 行，比如 A11 单元格，使用 "Ctrl + Shift + ↓"，连续选择 A11 单元格及下方所有单元格（比鼠标方便），按下 "Ctrl + 9" 实现隐藏行。

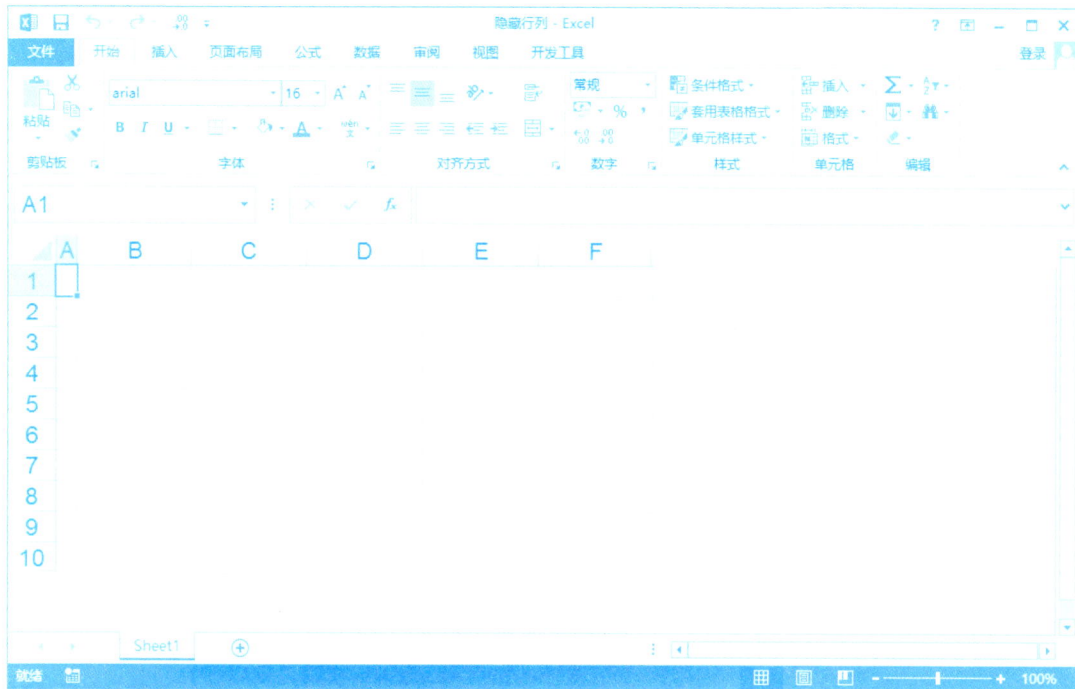

图 2 - 43 隐藏多余空白行列的效果（2）

2. 隐藏工作表

有时，为了精简模型的显示内容，会将一些不重要的工作表隐藏，不直接出现在模型使用者视线内。

鼠标右键点击所要隐藏的工作表的名称，选择 "隐藏" 即可（见图 2 - 44）。若要取消隐藏，同样使用鼠标右键点击工作表名称栏，选择 "取消隐藏"。

> 提示：隐藏的工作表内容并不能保证不被模型使用者看到（模型使用者只需取消隐藏即可看到）。因此若有应绝对保密的内容，则需在传递文件时先从文件中删除相关内容。

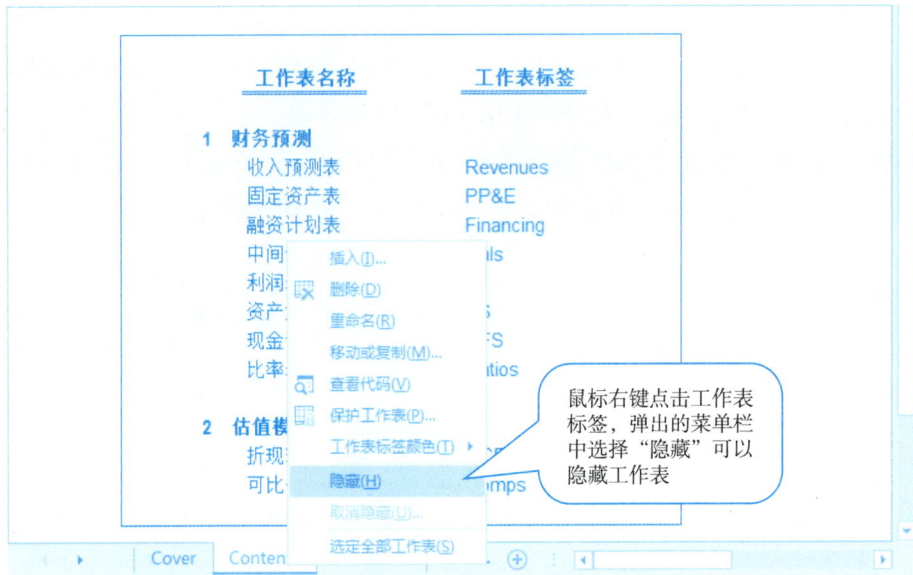

图 2 - 44　隐藏工作表

3

Excel工作环境及建模规范

用 Excel 建立财务模型，不仅需要内容准确、翔实，还应做到模型界面简洁、美观，因此建模过程中经常需要对工作环境及工作表内部的格式做一定的调整。

本章主要介绍 Excel 工作环境搭建，其中包括 Excel 选项设置、单元格格式及样式、行列格式的设置，以及介绍 Excel 建模规范的要求。

3.1   Excel 选项及显示设置

实际工作中，用户可以根据自己的需要调整 Excel 工作环境以及页面布局。下面介绍常用的设置方法，用户可以利用这些方法轻松地布置属于自己的 Excel 工作环境。

1. "Excel 选项"下的常用基本设置

鼠标左键单击文件按钮，在弹出的下拉菜单下方选择"选项"，可以调出"Excel 选项"对话框，也可以使用快捷键，即依次按下"Alt→T→O"。在"Excel 选项"对话框下，用户可以根据需要对 Excel 进行个性化设置。本节主要介绍对 Windows Excel 2013 版本的操作界面及默认字体、字号的设置。

> 提示：苹果 Mac 系统下的 Excel 版本可以使用"Command + ，"打开 Excel 首选项的设置。

（1）设置操作界面

Excel 操作界面主要在"Excel 选项"对话框下的"高级"类别进行设置（见图 3 – 1）。

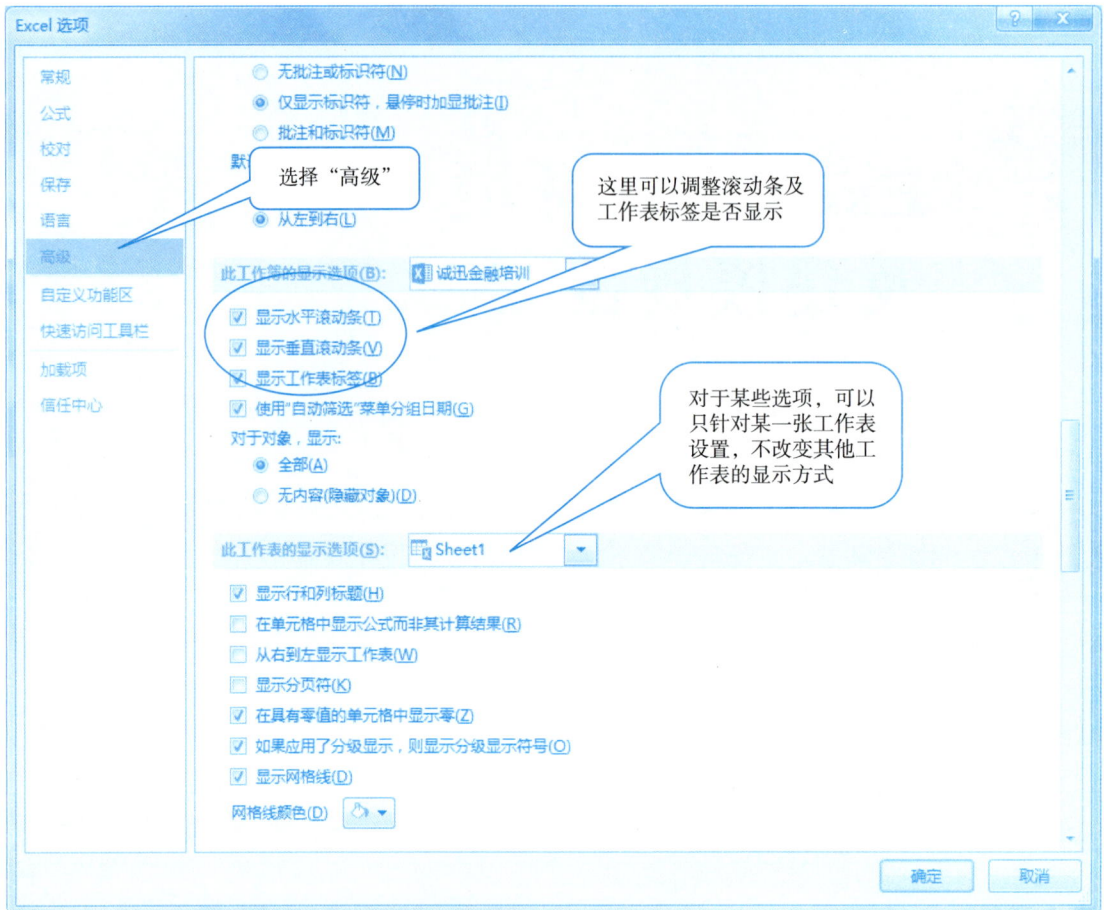

图 3-1　文件按钮→"Excel 选项"→"高级"

　　如果在"高级"类别中取消对"显示水平滚动条"和"显示工作表标签"的选择，Excel 界面如图 3-2 右图所示。

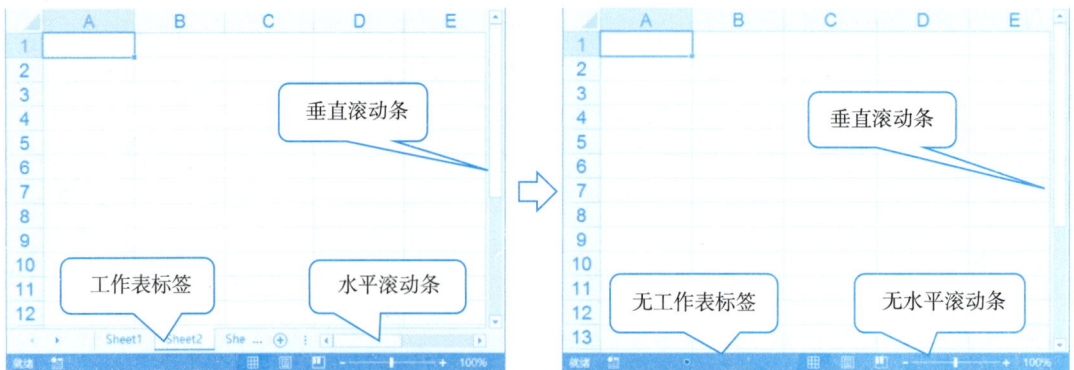

图 3-2　取消"显示水平滚动条"和"显示工作表标签"前后的界面

（2）设置默认字体和字号

在 Excel 单元格中输入内容时，会使用默认字体和字号。如果不是用户常用的字体和字号，则可以对其重新设置。

默认字体和字号在"Excel 选项"对话框下的"常规"类别中进行设置。在"使用的字体"一项可以设置默认字体，在"字号"一项可以设置默认字号（见图 3-3）。确认设置并重新启动 Excel 程序后，Excel 的默认字体和字号就是用户自己设定的格式。

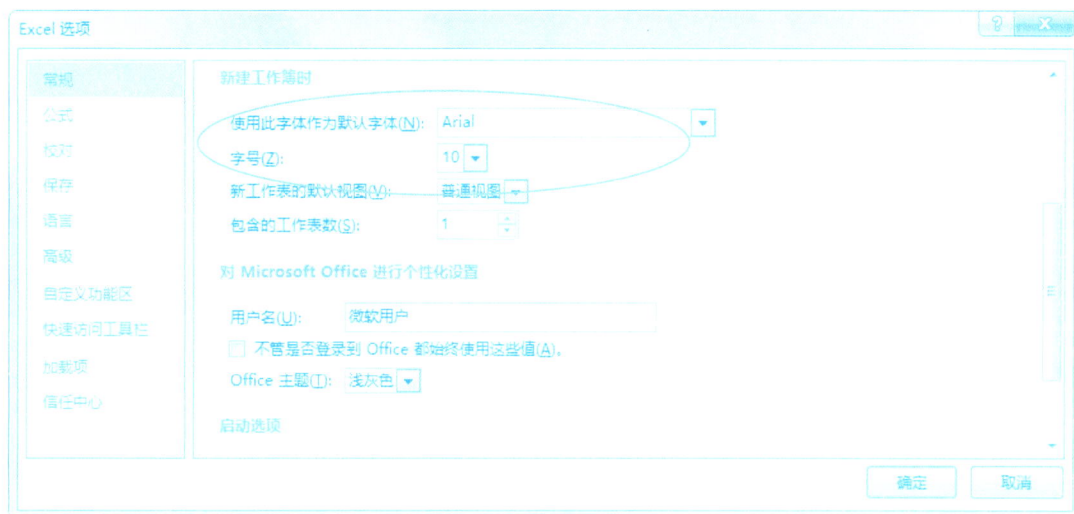

图 3-3　设置默认字体和字号

（3）设置"工作簿计算"及"启用迭代计算"状态

若发现单元格按照公式勾稽关系计算出的结果与单元格自身显示的内容不相等时，问题一般与"Excel 选项"中的"工作簿计算"和"启用迭代计算"的不正确设置有关。

"工作簿计算"设置，会影响模型中数据的重新计算的频率及模型的反应速度。设置的位置在"Excel 选项"对话框"公式"栏中（见图 3-4）。

对于一般模型，会勾选"自动重算"选项，模型中所有数据均会保持最新计算的结果。

若对于存在模拟运算表并带循环迭代计算的复杂模型，为了保证屏幕中数据的更新速度，通常会勾选"除模拟运算表外，自动重算"选项。勾选此选项，除模拟运算表中的数据需要强制重算才会更新（快捷键 F9），其他数据均会保持最新计算的结果。

极其特殊的情况下，才会勾选"手动重算"选项，比如模型特别复杂，计算量特别大（多表格、循环迭代、模拟运算表均大量存在时）。在修改这类模型时，如果不希望因为自动计算影响模型修改的速度，才会选择该选项。该选项选择时需谨慎，因为若不及时重算，模型中数据通常不正确。

> **提示：** 勾选"**手动重算**"后，若不强制工作簿重算，则模型中数据未必是正确的。

对于存在循环迭代计算的模型，勾选"启用迭代计算"选项的设置尤为重要。该设置的选项位置处于上文介绍的"工作簿计算"设置的右边（见图 3 – 4）。

"启用迭代计算"选项处于勾选状态，则模型中对于循环迭代计算会反复运算，直到满足迭代次数大于"最多迭代次数"（不收敛），或者所有单元格连续两次的计算结果差额不超过"最大误差"的条件时，才停止计算。对于收敛的循环迭代，这时模型会正确计算出结果。

若对于有循环迭代计算的模型，未勾选"启用迭代计算"选项，模型往往不能自动循环计算，单元格显示的数值很可能不正确。

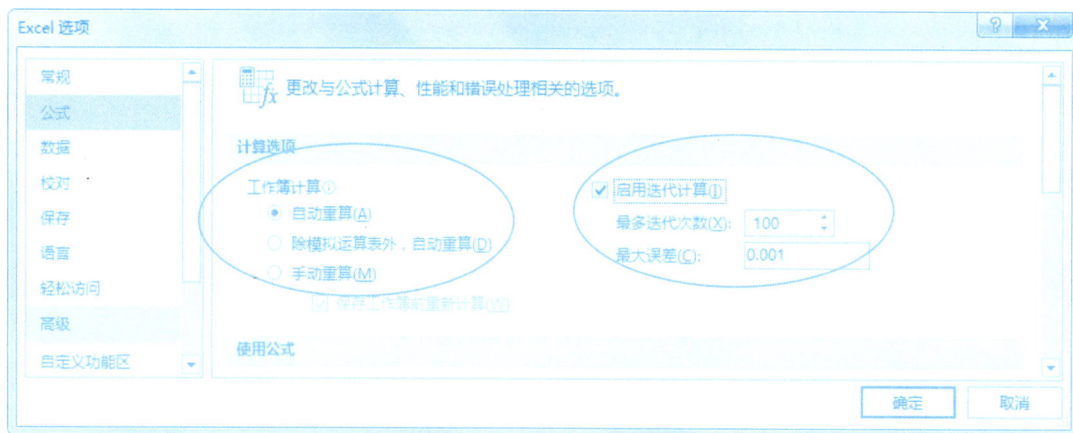

图 3 – 4　"工作簿计算"与"启用迭代计算"设置

关于"循环迭代计算"和"模拟运算表"的功能介绍，详见第 5 章及第 6 章。

2. 自定义快速访问工具栏

在 Excel 中，用户可以自定义快速访问工具栏，来提高工作效率。

快速访问工具栏通常位于 Excel 工作簿标题栏的左侧，包括保存、撤消、恢复等常用命令按钮。除了默认的命令外，用户还可以将自己常用的命令添加到快速访问工具栏。方法如下：

方法一： 鼠标左键单击快速访问工具栏右侧的下拉控件，在弹出的下拉列表中选择需要添加的命令（见图 3 –5）。

方法二： 在功能区任一需要添加的命令上单击右键，在弹出的菜单中选择"添加到快速访问工具栏"。例如，要将"填充颜色"命令添加到快速访问工具栏中，可以在功能区

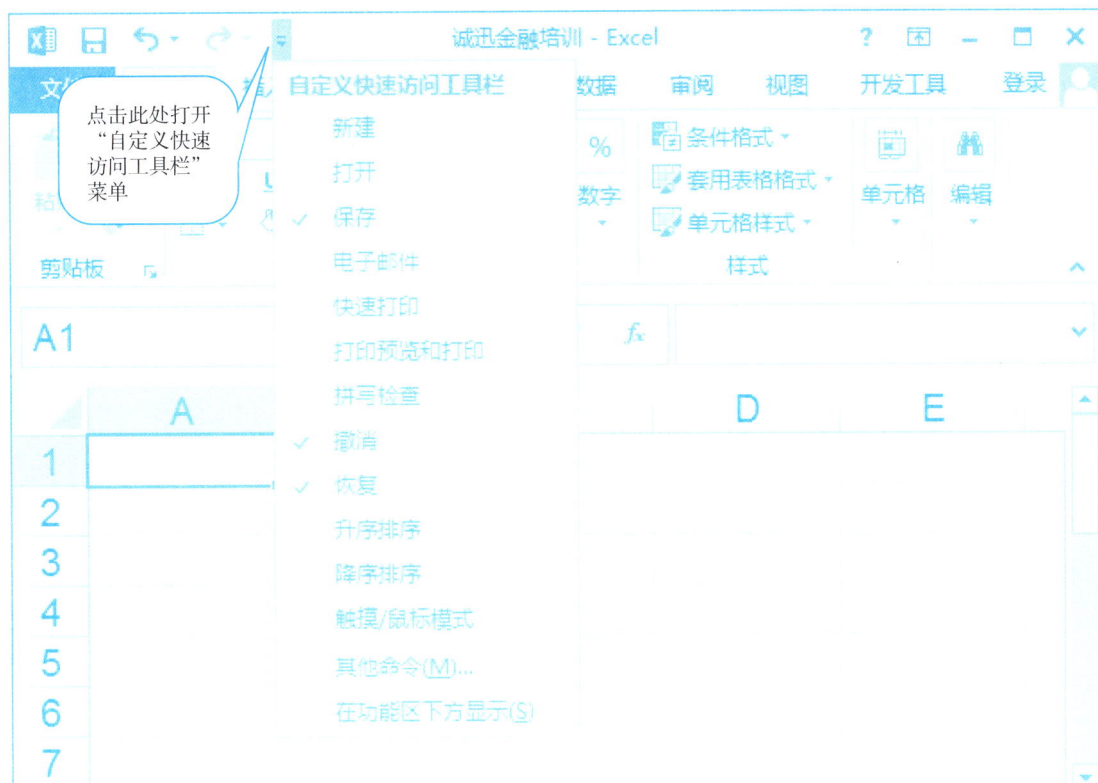

图3－5　自定义快速访问工具栏——方法一

的"填充颜色"命令按钮上单击右键，在弹出的菜单中选择"添加到快速访问工具栏"（见图3－6）。

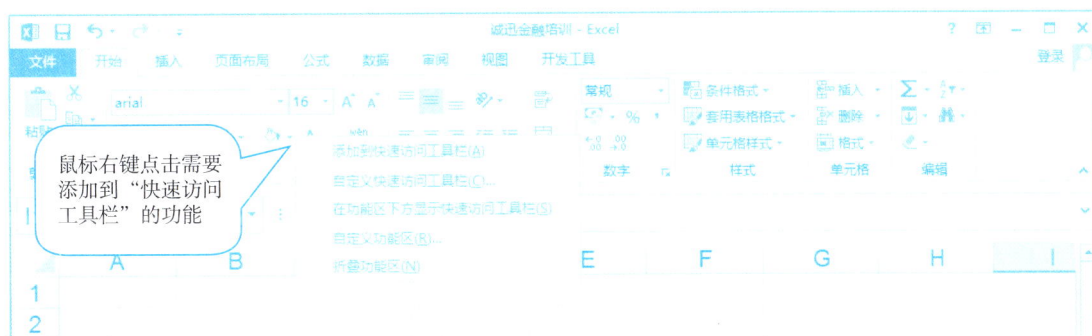

图3－6　自定义快速访问工具栏——方法二

　　方法三：在"Excel选项"对话框的"自定义"类别中进行设置。以添加"开始"选项卡下的"减少小数位数"命令为例。首先右键单击快速访问工具栏或功能区任一按钮，在下拉菜单中选择"自定义快速访问工具栏"；或者打开"Excel选项"对话框，选择"快速访问工具栏"类别。从"从下列位置选择命令"中找到"开始选项卡",从列表中选择"减少小数位数",单击对话框中间的"添加"按钮,则可以将该命令添加到快速访问工具栏中(见图 3－7)。

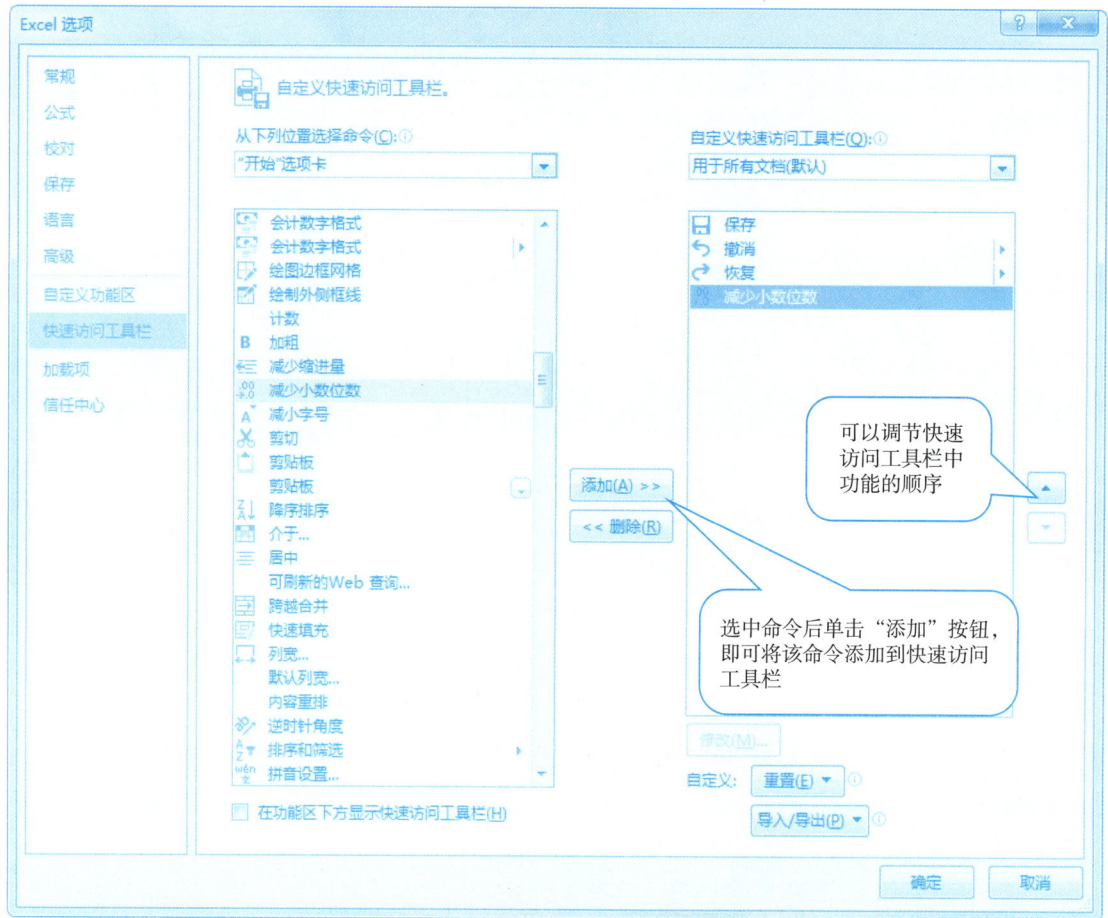

图 3－7　自定义快速访问工具栏——方法三

在使用快速访问工具栏中的命令时,依次按下 Alt 键和相应数字键提示即可。如在图 3－8 中,"减少小数位数"功能已被添加到快速访问工具栏,按 Alt 键后可以看到"减少小数位数"命令对应的数字为 4,则再按下数字键 4,即执行减少小数位数的命令。

图 3－8　用 Alt 配合数字键使用快速访问工具栏的命令

3. 自定义状态栏

前面介绍过，Excel 的状态栏会显示关于工作簿工作状态的各种信息。用户可以通过自定义状态栏来调整其显示的信息。

在状态栏上单击鼠标右键，会弹出自定义状态栏列表，如图 3 – 9 所示。

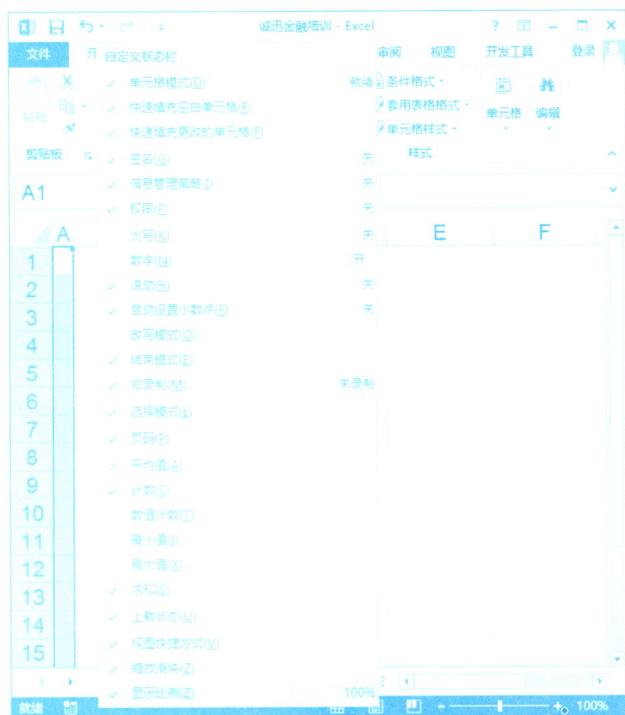

图 3 – 9 自定义状态栏

在列表中选择状态栏所需显示的信息，或者去掉所勾选的信息，可以在显示与不显示该信息之间进行切换。常用的状态包括"单元格模式""统计信息""显示比例"等。

4. 设置屏幕显示比例

进行 Excel 操作时，用户可以根据自己的习惯和需要调整屏幕显示比例。放大或者缩小屏幕的显示比例，并不改变字体的实际大小，对于打印效果没有影响。

在"视图"选项卡下的"显示比例"组中可以对页面显示比例进行设置，包括"显示比例"、"100%"和"缩放到选定区域"三个命令（见图 3 – 10）。

如果单击"显示比例"按钮，会弹出"显示比例"对话框，用户可以从中选择比例或自定义比例（见图 3 – 11）。如果选择"恰好容纳选定区域"，则页面视图比例会自动调整到可包含当前选定区域的最大比例，最大不超过 400% 。如果单击"缩放到选定区域"按钮，效

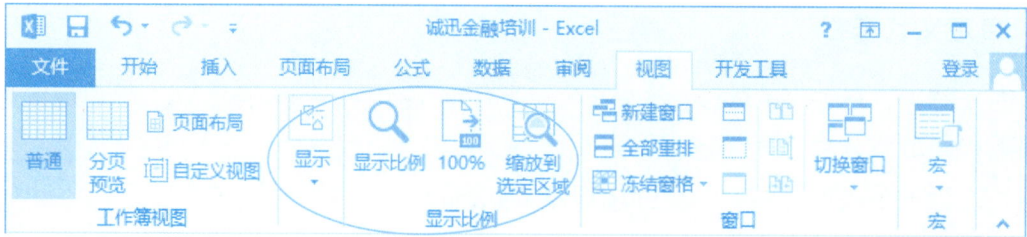

图 3 – 10　"视图"→"显示比例"

果与上述选择"恰好容纳选定区域"相同。用户需要查看特定区域内容时常用该功能。

> 提示：显示比例最大可以放大到 **400%**，最小可以缩放到 **10%**。

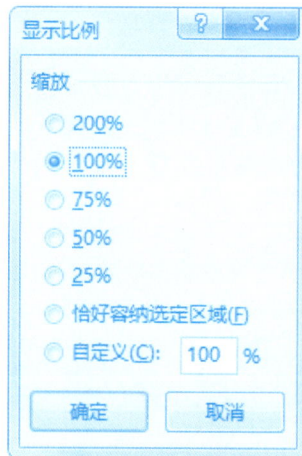

图 3 – 11　"显示比例"对话框

此外，用户还可以通过拖动状态栏右侧的缩放滑块来调整当前工作表的显示比例（见图 3 – 12）。

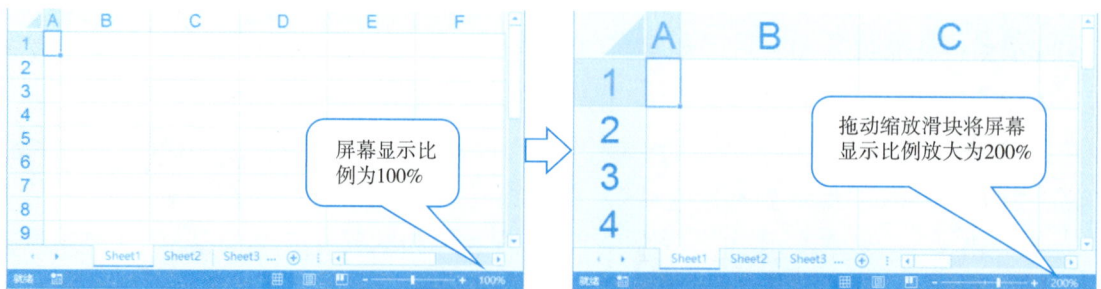

图 3 – 12　使用"缩放滑块"来调整显示比例

3.2 单元格格式设置

单元格是 Excel 的基本单位，利用"开始"选项卡下的功能，可以对单元格进行基本的内部格式设置，包括字体、对齐方式、数字格式、样式及相关操作等（见图 3－13）。

图 3－13 "开始"选项卡

使用"设置单元格格式"对话框，可以对单元格格式进行更全面的设置，包括数字格式、对齐、字体、边框、图案等。下列方式均可调出"单元格格式"对话框：

（1）使用快捷键：

（2）鼠标左键点击"开始"选项卡下"字体"、"对齐方式"和"数字"组右下角的小箭头均可打开"设置单元格格式"对话框（见图 3－13）；

（3）在需修改格式的单元格上单击鼠标右键，并从下拉菜单中选择"设置单元格格式"。

下面介绍"设置单元格格式"对话框中的选项卡，以及如何通过这些选项卡对单元格格式进行设置。

1."数字"选项卡

在"数字"选项卡中，数字格式的分类包括常规、数值等，财务建模中常用的格式包括数值、百分比和自定义等。

每一种数字格式都会有相应的具体设置。如在"数值"格式中，可设置数值显示的小数位数、是否使用千位分隔符（通常在财务模型中都使用千位分隔符，方便阅读者快速了解数值的数量级）以及选择负数的显示形式（见图 3－14）。

如果涉及更复杂、更具有特色的格式，可以使用"自定义"功能。关于自定义格式的设置，我们将在第 5 章"常用建模技巧"中介绍。

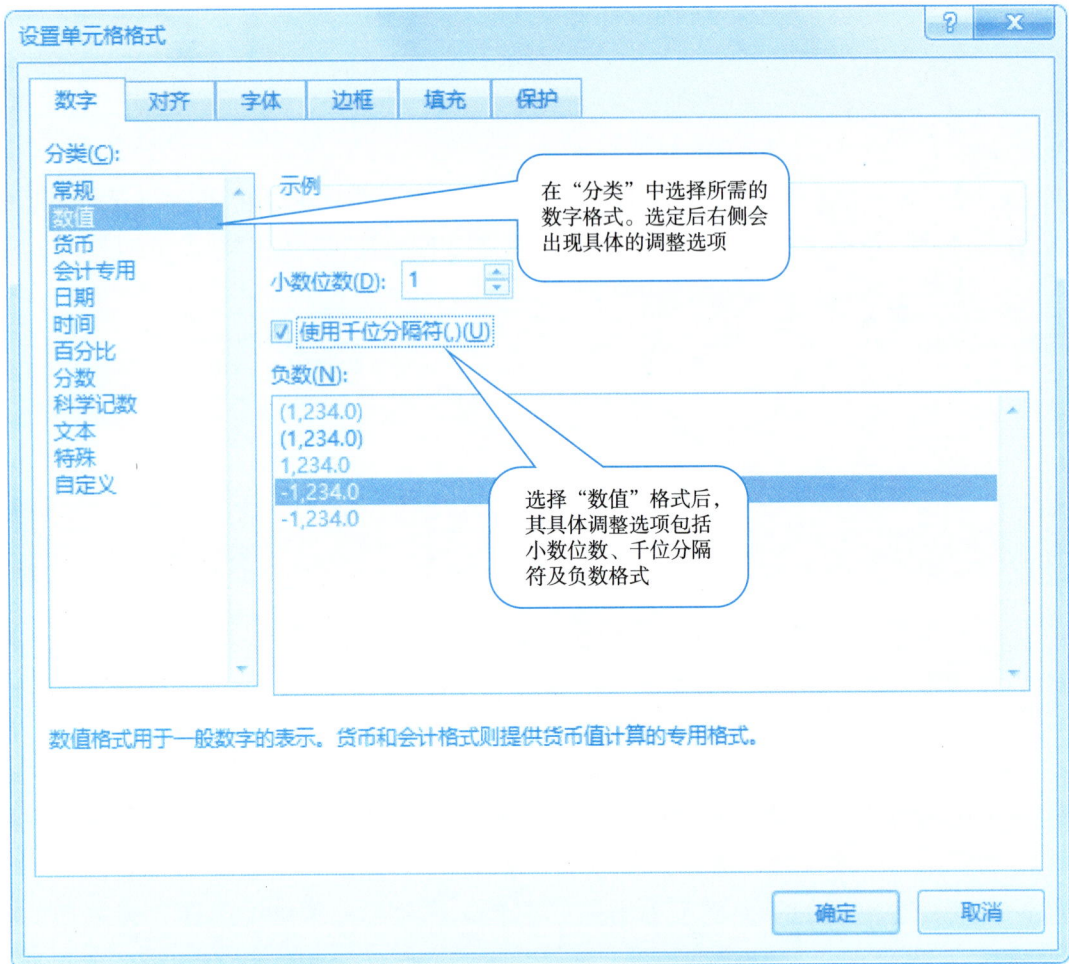

图 3-14　"设置单元格格式"对话框→"数字"选项卡

2. "对齐"选项卡

在"对齐"选项卡中，可设置单元格内容的位置，如居中显示、合并单元格、文字方向旋转 -90°~90°显示等。

例如，在图 3-15 中，要合并 C2、D2 和 E2 单元格，并使"利润表"显示在合并单元格的中间位置。

图 3-15　合并居中前

步骤一：选中要合并的 C2、D2 和 E2 单元格，按"Ctrl + 1"调出"设置单元格格式"对话框，切换到"对齐"选项卡（见图3－16）；

步骤二：按快捷键"Alt + M"合并 C2、D2 和 E2 单元格（见图3－16）；

步骤三：按快捷键"Alt + H"打开"水平对齐"的下拉菜单，选择"居中"（见图3－16）。

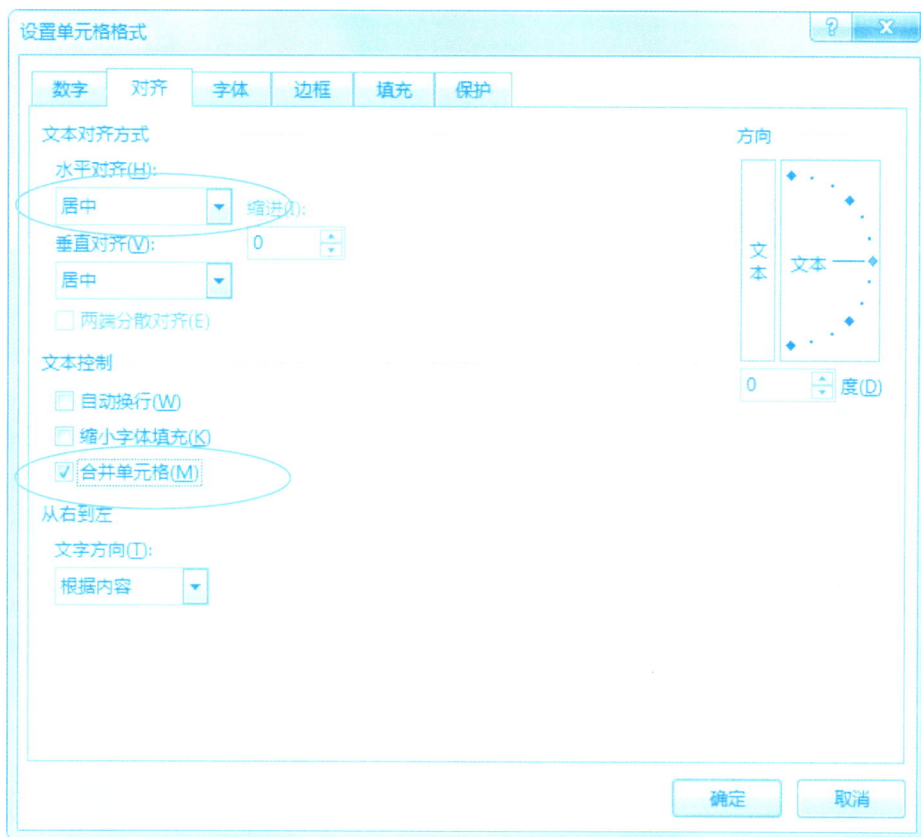

图3－16 "设置单元格格式"对话框→"对齐"选项卡

按回车键确定后得到调整后的格式如图3－17所示。

图3－17 合并居中后效果

此外，也可以用"开始"选项卡中"对齐方式"组里的"合并后居中"按钮快速实现上述设置（见图 3 - 18）。

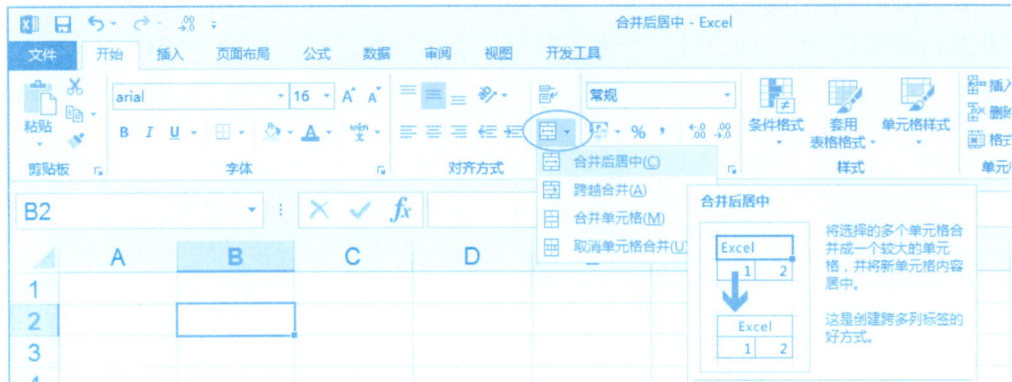

图 3 - 18 "合并后居中"按钮

关于横向合并居中效果，利用"水平对齐"里的"跨列居中"不仅可以实现视觉上的相同效果，还可以避免横向合并单元格对键盘移动操作的不利影响（见图 3 - 19）。

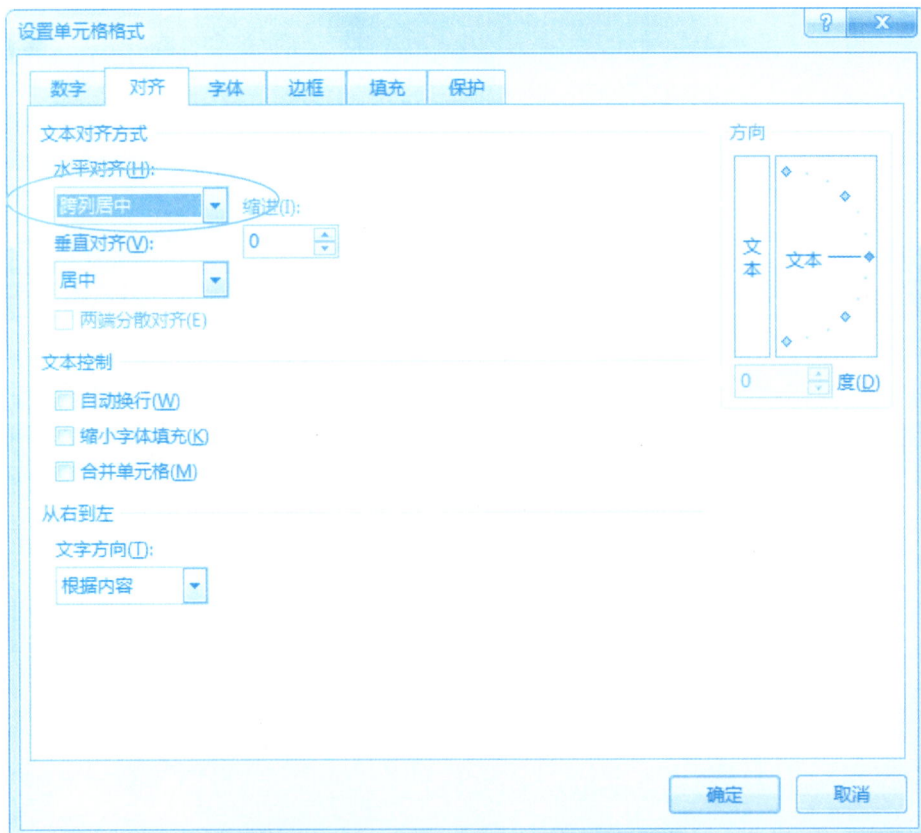

图 3 - 19 "对齐"选项卡→"跨列居中"

跨列居中的效果如图 3 - 20 所示，C2 单元格仍可以单独被选中，但利润表已经在 C2:E2区域中形成居中效果（此时文字"利润表"输入在 C2 单元格）。

图 3 - 20 跨列居中后效果

3. "字体"选项卡

在"字体"选项卡中，可以设置单元格内字体的格式。比如，将单元格的字体格式设置为：字体为 Arial，字号为 10 号。在"颜色"下拉菜单中，还可以选择该单元格字体显示的颜色（见图 3 - 21）。

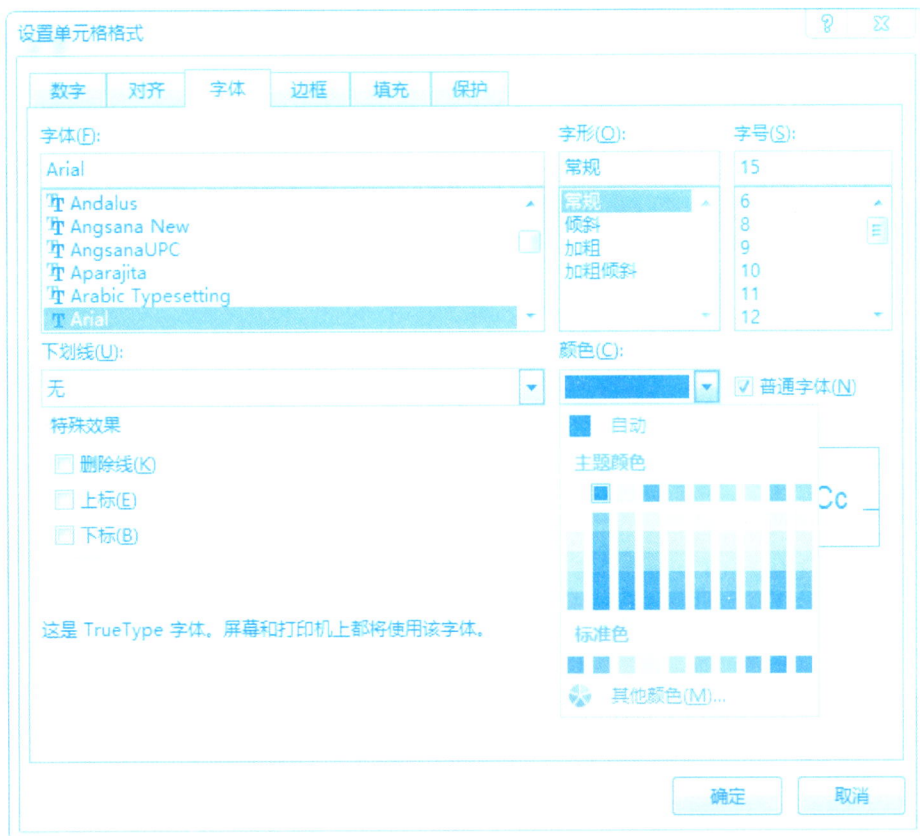

图 3 - 21 "设置单元格格式"对话框→"字体"选项卡

4. "边框" 选项卡

在 "边框" 选项卡下，可以设置单元格边框的位置、线条样式和颜色（见图3-22）。

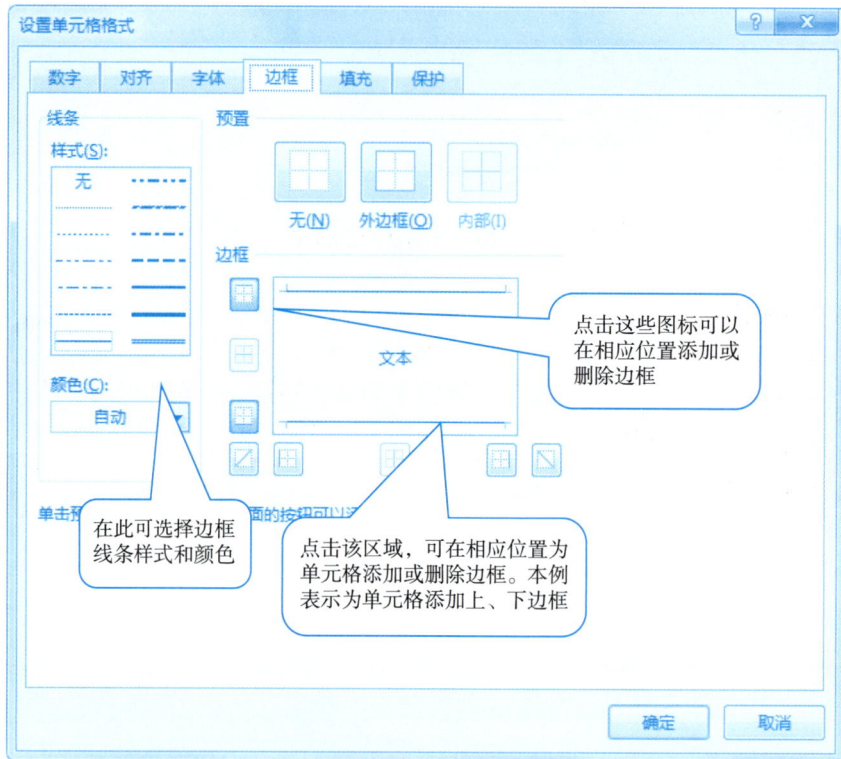

图3-22 "设置单元格格式"对话框→"边框"选项卡

> **提示：** 添加边框时，需先在 "线条" 部分选择边框线条的样式和颜色，再点击需要添加边框的位置（如外边框、上边框等）。

如果只需要为单元格或区域添加细实线外边框，则可以用快捷键方便地实现。添加单元格或区域外边框的快捷键为：

Ctrl + **Shift** + **7**

去掉单元格或区域内所有边框的快捷键为：

Ctrl + **Shift** + **−**

5. "填充"选项卡

在"填充"选项卡下,可以为需要突出显示的单元格加上背景色(见图 3 – 23)。在 Excel 财务建模中,对重要假设或需要模型阅读者特别注意的区域,可以设置背景填充,与其他单元格区分。

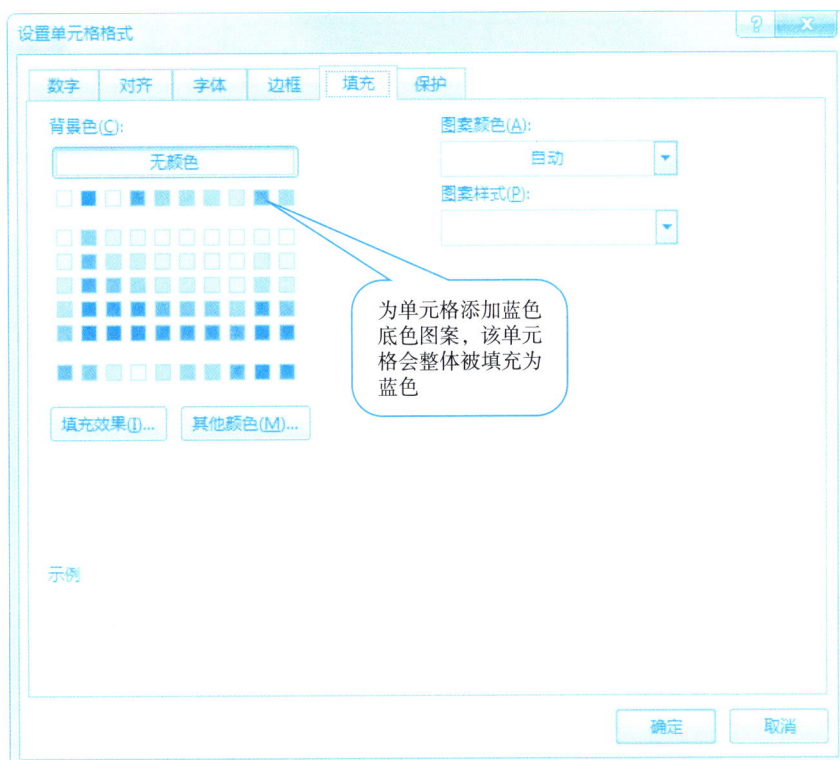

图 3 – 23   "设置单元格格式"对话框→"填充"选项卡

提示:如果选择深色底色,通常将单元格内内容的颜色设置为浅色。

3.3   单元格样式设置

单元格样式作为 Excel 单元格格式的高级功能,在预先设置好后可以快速给模型中不同区域设置不同的单元格样式。单元格样式可以保存在 Excel 文件中,也可以将该样式复制到其他打开的工作簿中,非常方便。

1. 应用样式

Excel 中，在"开始"选项卡下，依次选择"样式"→"单元格样式"，点击下拉箭头可看见 Excel 的内置样式。将光标移动到内置样式库的某项样式，所选择单元格会立即显示应用该样式的效果，用鼠标左键直接单击相应的样式可以将该样式应用到所选择单元格。如 B2 单元格使用了样式"输入"（见图 3－24）。

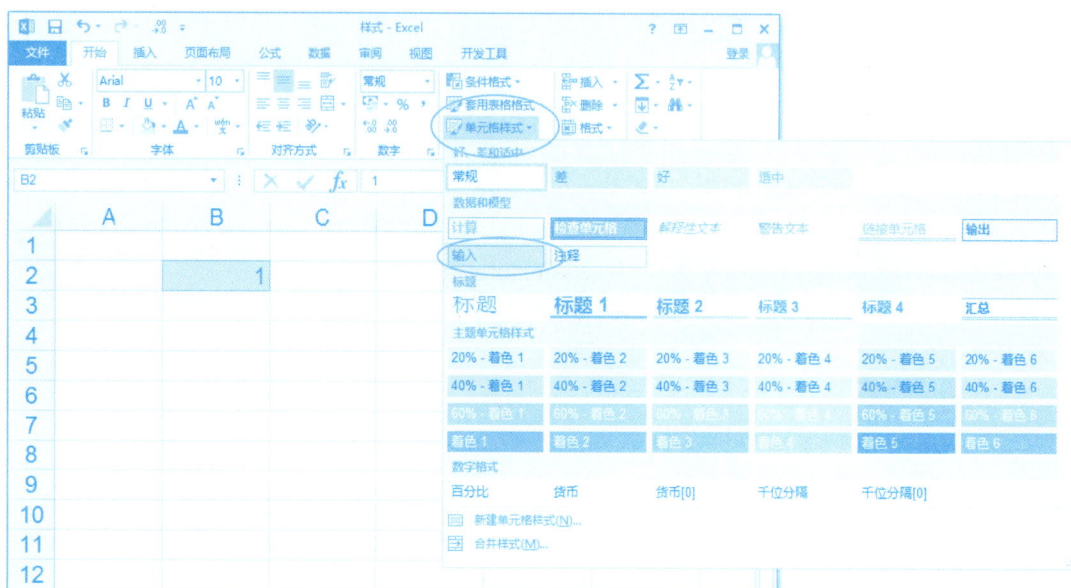

图 3－24 "开始"选项卡→"单元格样式"

2. 设置自定义样式

Excel 提供了内置样式，同时也可以自己设置样式。在设置样式时，既可以新设置样式，也可以在现有的样式基础上进行修改。

（1）修改样式

展开"单元格样式"，鼠标右键点击需要修改的样式（比如"输入"样式），在菜单中选择"修改"会弹出"样式"选项卡（见图 3－25）。

图 3－26 中"输入"默认样式包括①字体：Arial，10 号字，颜色 RGB（63，63，118）；②边框：在四周设置边框；③有底色填充。

点击"格式"按钮，可以选择"设置单元格格式"中的若干项目进行修改。项目左边复选框带"√"的为设定格式的项目，否则为不设定格式的项目。

样式修改完以后，点击"确定"，将新样式设置保存至"输入"样式，然后再按照刚才的方式应用样式即可让新的"输入"样式应用到选择的单元格。

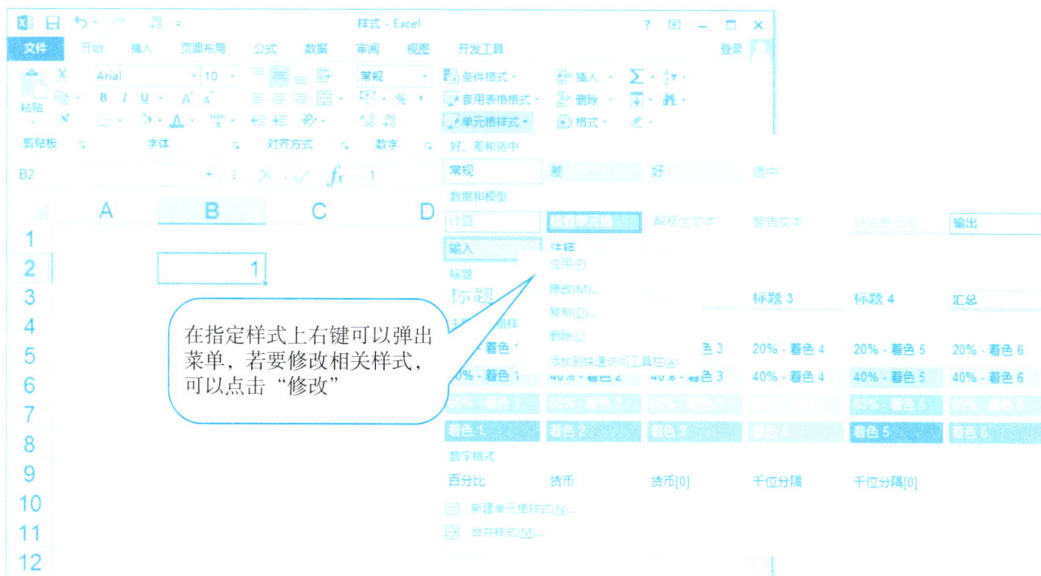

图 3 - 25　修改"单元格样式"

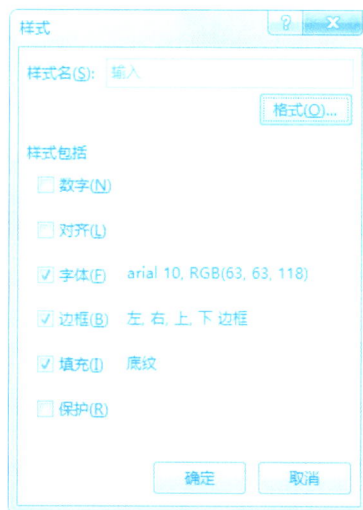

图 3 - 26　利用"样式"选项卡修改样式

（2）新建样式

在"单元格样式"按钮下选择"新建单元格样式"，可以弹出"样式"对话框供建模者自己设置样式并且命名（见图 3 - 27）。

【例】如图 3 - 27 所示新定义单元格样式"假设"：①1 位小数数值格式，千位分隔符；②Arial 字体，10 号字体，字体蓝色；③外部黑色实线边框；④内部浅蓝色背景填充。

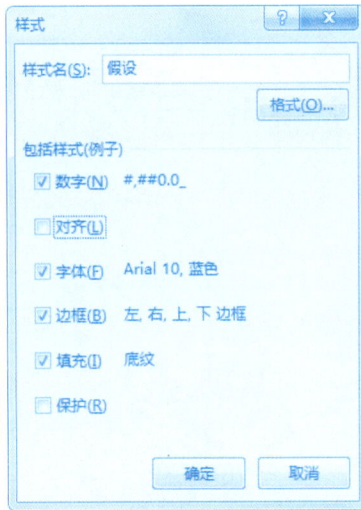

图 3 – 27 自定义新单元格样式 "假设"

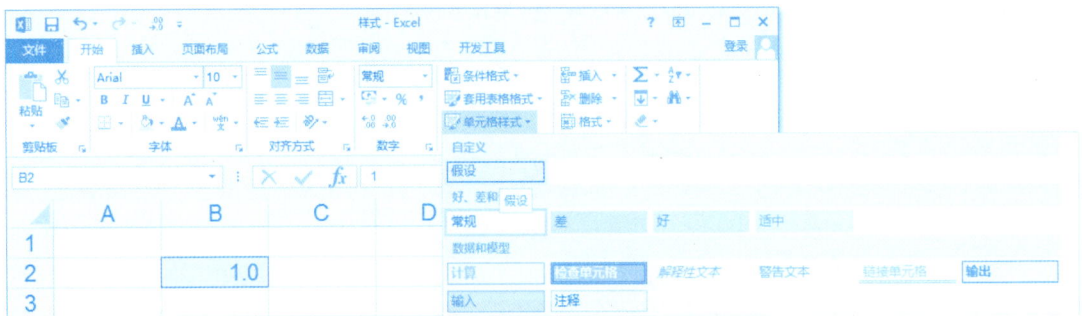

图 3 – 28 "假设" 样式的使用效果

对于经常建模的使用者，将一些常用的格式自定义为样式，可以在建模中快速调整格式。比如，假设单元格样式，公式单元格样式等。

3.4 行列格式设置

行高列宽的设置

在使用 Excel 构建财务模型时，经常会根据需要调整工作表内单元格行高和列宽设置，方便单元格内容的显示和阅读。

要改变某列的列宽，可以用鼠标在列标题上拖动该列的右边界至所需的宽度。如果需要精确地设定列宽，通常会使用菜单中的命令。先选中需要调整列宽的列或该列中的任一单元格，然后在"开始"选项卡下的"单元格"组中单击"格式"，并在弹出的下拉菜单中选择"列宽"，即可调出"列宽"对话框对选中区域所在列的列宽进行设置。如果在下拉菜单中选择"自动调整列宽"，则能让列宽自动适应文字进行调整（见图3-29）。

也可以使用快捷键：

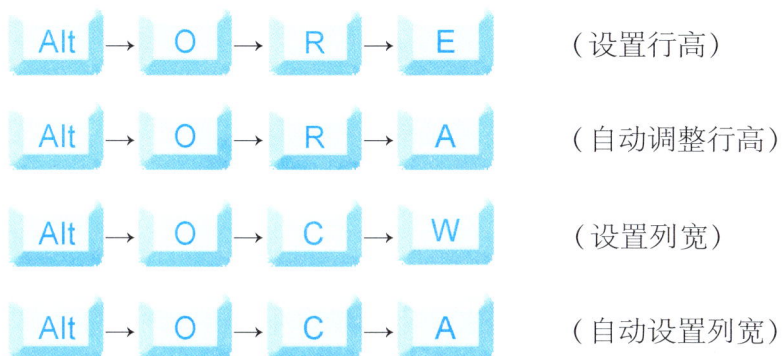

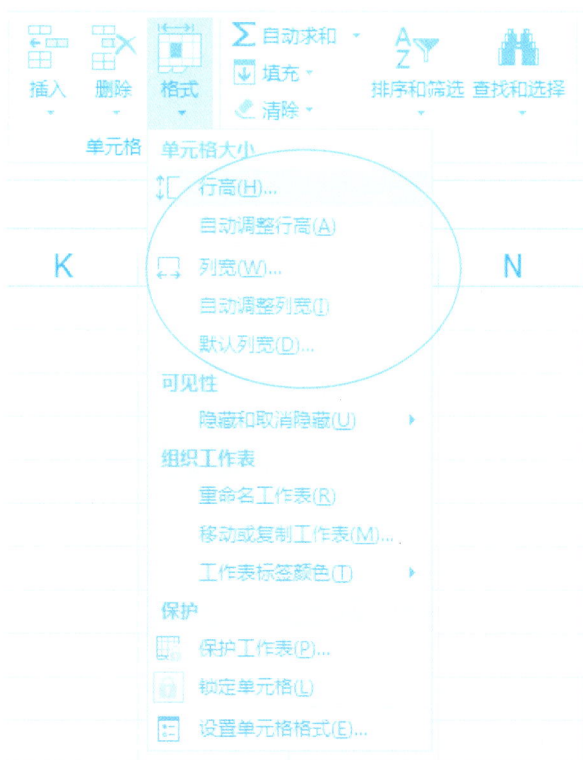

Alt → O → R → E （设置行高）

Alt → O → R → A （自动调整行高）

Alt → O → C → W （设置列宽）

Alt → O → C → A （自动设置列宽）

图3-29 "开始"选项卡→"格式"（"单元格"组）

将单元格的列宽调整到"最适合的列宽"还有一种简捷的方法：双击单元格所在列的

列标题的右边线，如图 3 - 30 所示。

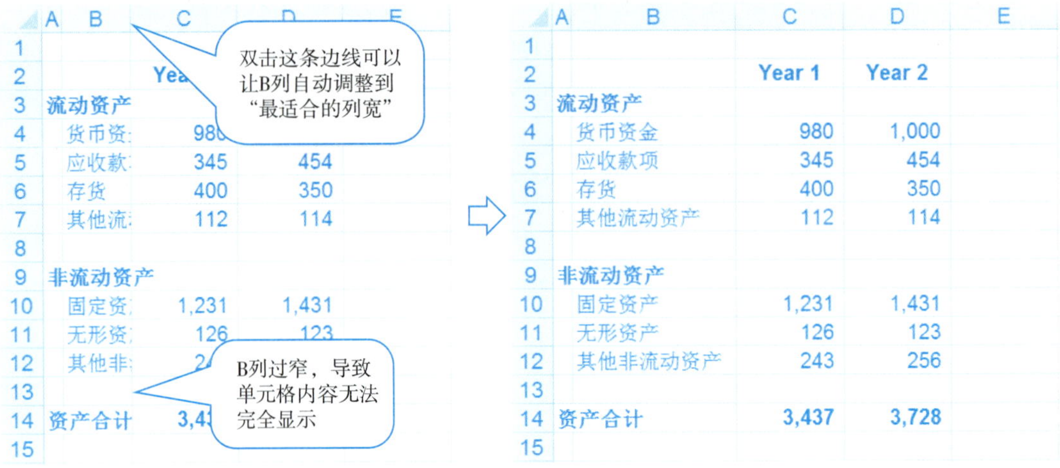

图 3 - 30　单元格列宽调整

在上述调整中选择与"行"相关的命令，则可以对行高进行类似的设置。

3.5　财务建模规范要求

规范的模型有助于使用和沟通，同时也能体现出建模者的专业性。下面列举几条在财务建模中通用的规范要求，供读者参考。

财务建模规范的格式规范要求从以下两方面描述：单元格格式和页面格式。

1. 单元格格式

- 中文可以采用宋体、华文楷体等字体，同一个模型中的字体建议不超过 3 种；
- 英文和数值一般多采用 Arial、Times New Roman 等字体；
- 同类单元格，字号统一，字体统一；
- 数值单位要添加千位分隔符，有小数的数值单元格通常保留相同小数位数；
- 合计数值如负债合计、资产总计等用加粗突出表示；
- 区分手动输入（hard input）和公式输入的单元格，手动输入的单元格字体通常设置为蓝色；
- 区分假设单元格和其他单元格，对于假设单元格通常设置边框及填充背景颜色；
- 同类单元格，内容对齐方式一致，比如：文字左对齐，数字右对齐。

2. 页面格式

- 在模型首页对不同单元格格式进行列示说明；

- 设置目录页，建立与其他工作表的链接；

- 通过导航列实现缩进效果，体现输入变量之间的层级秩序，实现快捷键快速跳跃；

- 多工作表模型中，同一文件不同工作表的同列对应相同年份，有利于公式检查；

- 同类单元格，行高相同，列宽相同；

- 行数或列数多的模型，设置冻结窗格效果或者添加行/列组合；

- 采用"跨列居中"实现横向合并效果，尽量不使用"合并后居中"；

- 对外传递文件前，把每页光标放至页面左上角 A1 单元格，将页面翻至第一页，然后保存并关闭文件。

财务建模
常用函数

本章将介绍一些 Excel 自带的、在财务分析及建模中经常使用的函数，包括：

1. 计算函数（SUM、AVERAGE、MAX、MIN、NPV、IRR、XNPV、XIRR 及 MIRR）；

2. 逻辑函数（IF、ISERROR、AND 及 OR）；

3. 查找与引用函数（CHOOSE、TRANSPOSE、HLOOKUP、LOOKUP、INDEX、MATCH 及 OFFSET）；

4. 时间与日期函数（NOW、TODAY、EDATE 及 EOMONTH）；

5. 文本函数（LEFT、MID、RIGHT、CONCAT 及 TEXT）。

使用这些函数，一方面可以大大简化公式输入，例如，可以使用 SUM 函数对多个单元格的数值求和，而不必采用将逐个需要加总的单元格用"＋"连接的方式；另一方面可以实现一些用简单公式无法完成的运算，例如进行条件判断（IF）、计算内部收益率（IRR）等。

由于篇幅的限制，本章只介绍了财务建模中最常用的函数，除此之外 Excel 还提供大量各种功能的函数，读者可以参考 Excel 自带的帮助文档学习并使用。

4.1　　　　　　　　　　　　　　　　　函数基本使用方法

在单元格中输入函数与输入公式类似，要先输入"＝"。

常见形式是在单元格内输入"＝函数名（参数）"。有的函数不用输入参数，如获取当前时间的 NOW 函数的形式为："＝NOW（　）"。虽然不用输入参数，但是括号必须保留。

将光标移至需要输入公式的单元格后，用户可以通过下列方式输入函数：

（1）点击公式栏左边的 f_x 按钮，则会弹出"插入函数"对话框（见图 4－1）。在对话框中输入对函数的描述，或是选择函数类别，可以方便地找到所需函数。

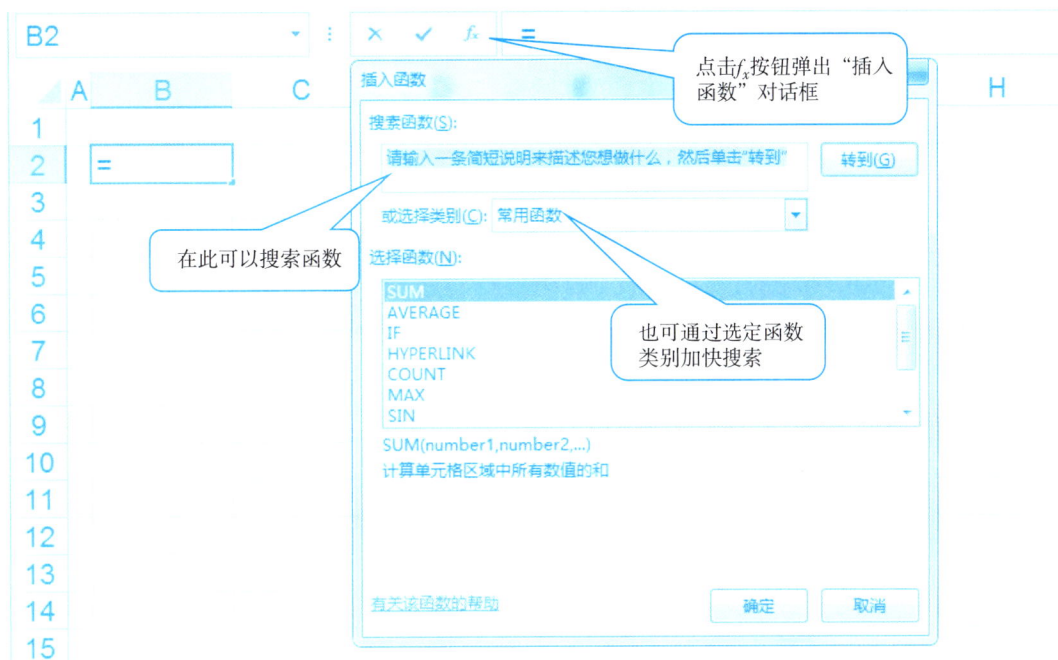

图4-1 插入函数

（2）可以在"公式"选项卡下的"函数库"组中选择所需类型的具体函数。函数库里有多种类别的函数，比如财务、逻辑、文本、查找与引用等。也可以点击"插入函数"按钮打开"插入函数"对话框（见图4-2）。

图4-2 "公式"选项卡→"函数库"组

（3）另外，还可以使用打开"插入函数"对话框的快捷键：

Shift + F3

如果对要输入的函数非常熟悉，也可以直接手动输入函数名及其参数。在输入函数名及左括号后，单元格下方会出现函数的参数提示（见图4-3）。

此时按下"Shift + F3"，则调出"函数参数"对话框。在"函数参数"对话框中，可

图4-3 函数参数提示

以直接查看该函数对应的参数。选中对话框中的任一参数输入区域，下方都会出现相应的参数输入提示，同时也可以在下方的"计算结果"处看到按目前参数计算得到的结果（见图4-4）。

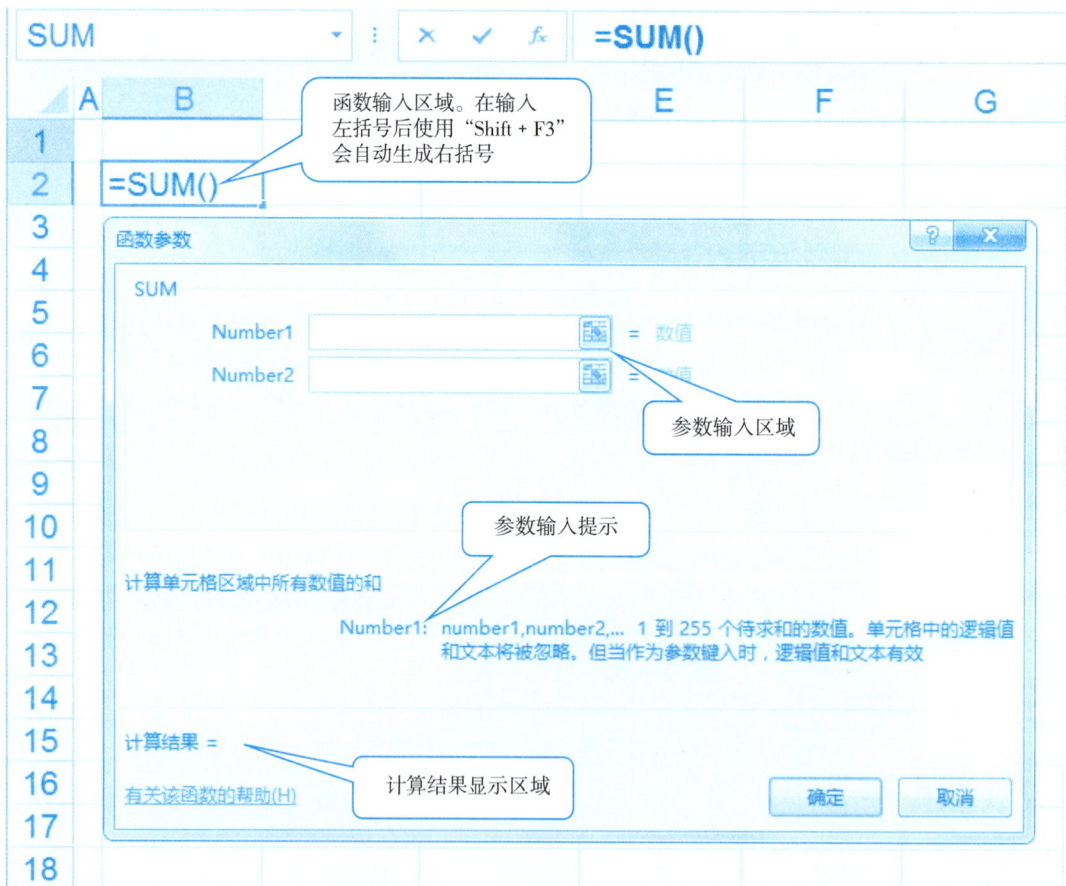

图4-4 "函数参数"对话框

输入公式时，单元格下方通常会动态提示可供选择的函数，在函数右侧还会出现该函数的解释信息。如图4-5所示。

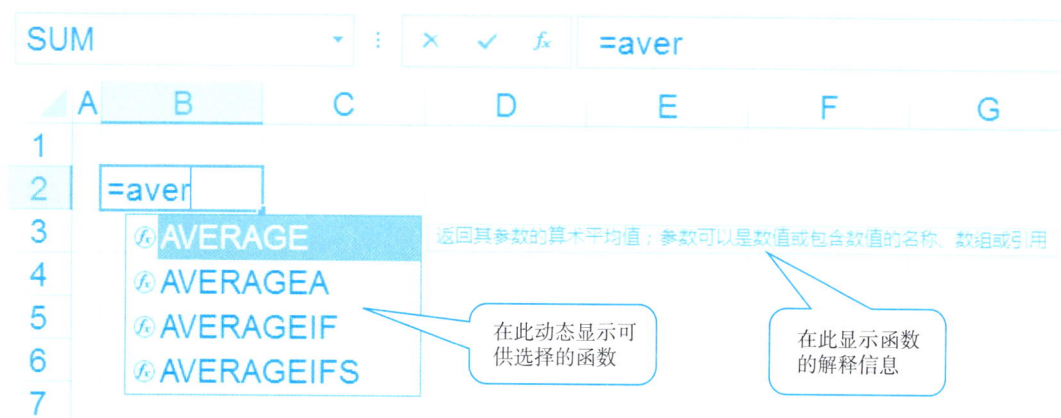

图 4 – 5　函数提示信息

这时若希望直接输入所选函数的完整单词，可以使用鼠标左键双击相关函数，或者选择相关函数使用"Tab"键，完成函数的快捷输入。

4.2　　　　　　　　　　　　　　　　　　　　　　　　计算相关函数

本节主要介绍在建模过程中常用的计算函数。除求和函数 SUM、平均函数 AVERAGE 等数学统计函数外，还包括内部收益率函数 IRR 等与财务分析建模相关的函数。

1. SUM 函数

SUM 函数的功能是对参数进行求和，其参数提示为：

$$= \text{SUM}（\text{number1}，［\text{number2}］，\ldots）$$

其中，number1，number2… 表示需要求和的参数。number2 外面的"［ ］"表示该参数是可选择的，不是必须输入的参数。

在使用 SUM 函数对连续单元格内的数值求和时，选中连续单元格后，会以选择区域的首尾单元格用"："连接的方式显示；对不连续区域的单元格内的数值求和，不连续单元格之间用"，"分隔。如图 4 – 6 中：

C5 单元格的计算公式为" = SUM（B2:C4）"，该求和公式表示"对 B2 – B4 – C4 – C2 围成的 3 ×2 矩形区域内所有单元格的数据进行求和"；

E9 单元格的计算公式为"＝SUM（E2：E6，E8）"，该求和公式表示"对 E2～E6 及 E8 这 6 个单元格的数据进行求和"。

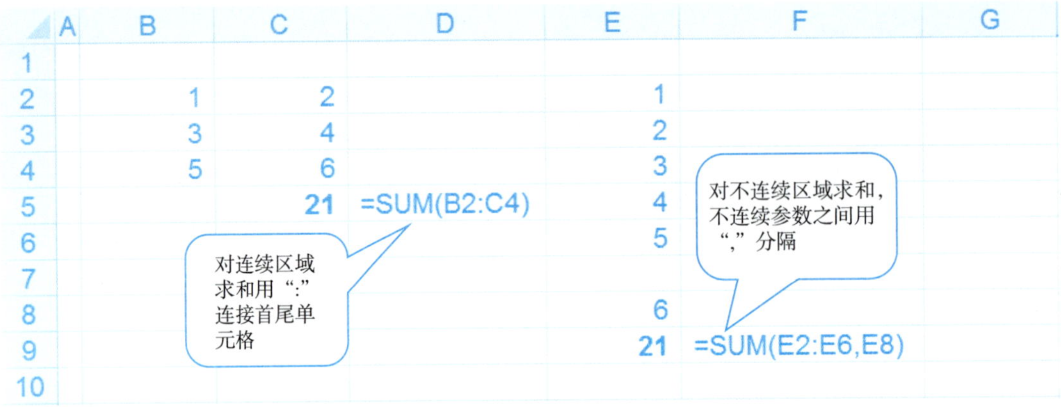

图 4－6　求和函数

SUM 函数求和的快捷键为：

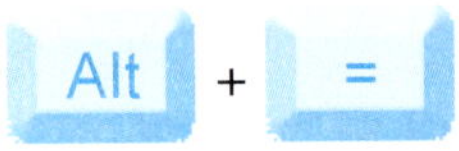

Alt ＋ ＝

如果要对一列（或一行）连续非空单元格的数据求和，可以在该连续区域下方（或右方）的单元格按下"Alt ＋ ＝"，则系统会自动生成求和函数以及求和区域，其默认求和区域为单元格上方（或左边）的连续非空单元格（见图 4－7）。

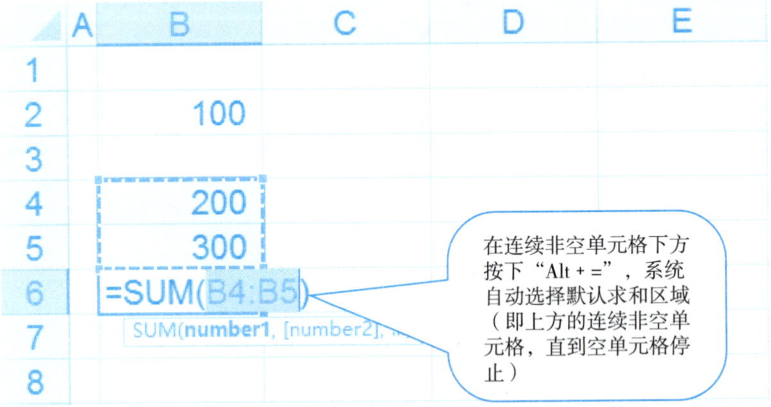

图 4－7　自动求和快捷键"Alt ＋ ＝"

Excel 默认求和区域通常为连续非空单元格，但如果在连续非空单元格中有单元格已经使用了 SUM 函数（如图 4－8 中的 C6 单元格），则 C9 单元格 SUM 函数自动选择的默认求和区域到 C6 单元格之前截止（不含 C6 单元格）。

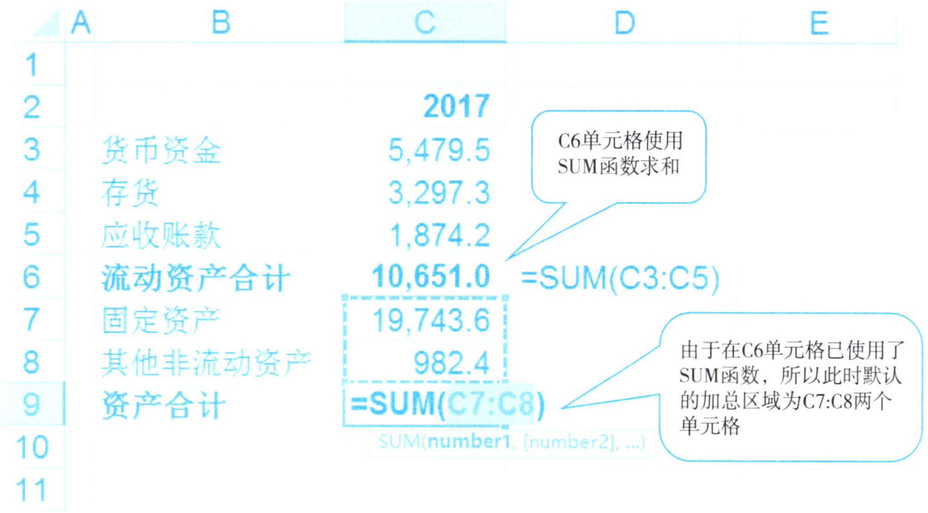

图 4 - 8　自动求和默认区域选择

提示：使用"**Alt + =**"快捷键时，应当对自动生成的求和区域进行检查，确认无误后再按 **Enter** 键确定。如果自动生成的求和区域与实际需要求和的区域不同，则应当对所选区域进行手动调整。

2. AVERAGE 函数

AVERAGE 函数的功能是对所选择的单元格数据求平均值，其参数提示为：

$$= AVERAGE（number1，[number2]，...）$$

其中 number1，number2... 表示所有需要计算平均值的参数。

需要注意的是，Excel 只对有数据的单元格计算其平均值，如果平均函数的参数中有空单元格，在用 AVERAGE 函数计算时不会将该单元格计算在内。如果将这些空单元格改为数字 0，则 AVERAGE 函数会将该单元格计算在内。

【例】某人过去 3 年的年收入分别为 0 万元、5 万元和 6 万元（见图 4 - 9），计算其这 3 年的平均年收入。

如果平均函数中的参数都是空单元格，则使用 AVERAGE 函数会产生错误提示"# DIV/0！"。因此，建议不要对空单元格使用 AVERAGE 函数，如果需要计算空单元格的平均值，可以用 SUM 函数对单元格求和再除以单元格个数。

3. MAX 与 MIN 函数

在财务建模过程中，有时需要从一组数字中找出其中的最大值或最小值，此时可以使

	A	B	C	D	E	F	G	H
2			**Year 1**	**Year 2**	**Year 3**			
3	错误计算结果							
4	收入			50,000.0	60,000.0			
5	三年平均收入				**55,000.0**	=AVERAGE(C4:E4)		
6								
7	正确计算结果							
8	收入		0.0	50,000.0	60,000.0			
9	三年平均收入				**36,666.7**	=AVERAGE(C8:E8)		

> AVERAGE函数不会将空单元格计算在内，需要将空单元格输入为0才能得到正确结果

图4-9　平均函数

用 MAX 函数或 MIN 函数。将数据所在单元格或者数据直接作为 MAX 函数或 MIN 函数的参数即可，参数之间的连接和分隔方法与 SUM 函数相同：

$$= MAX（number1，[number2]，…）$$
$$= MIN（number1，[number2]，…）$$

其中，number1，number2...表示需要进行比较的值，MAX 函数返回所有参数中的最大值，MIN 函数返回所有参数中的最小值。

MAX 与 MIN 函数在财务模型中，常用于控制某些结果大于等于 0 或小于等于 0，使用时用 0 和相应参数比较大小，返回需要的结果。例如，在预测企业每年发放的红利时，为了将企业亏损时不发放红利的情况考虑在内，常常会使用 MAX 函数。

【例】预计某企业预测未来 2 年的净利润如图 4-10 所示，企业承诺每年以净利润 50% 的比例发放红利，试根据未来 2 年的净利润计算该企业每年应发放的红利，但亏损年份不发放红利（假设当年红利按当年利润发放）。

此例中给出了红利占净利润比例的假设，所以可用该比例乘以净利润得到预测的红利值。由于预测第 1 年净利润为负值，计算得到的红利也就为负。红利为负值意味着股东需要在亏损年度掏钱填补公司的亏损，这显然不合适。所以计算出的红利为负时，红利的实际值应该为 0。此时可使用 MAX 函数，在红利的计算值与 0 之间取最大值，红利计算值为负时则返回 0。

MIN 函数与 MAX 函数用法类似，不同之处在于 MIN 函数返回所有参数中的最小值。

	A	B	C	D	E	F	G
1							
2			**Year1 E**	**Year2 E**			
3	红利/净利润		50%	50%			
4							
5	净利润		-1,000.0	2,000.0			
6	红利		0.0	1,000.0			
7			=MAX(C5*C3,0)	=MAX(D5*D3,0)			
8							

为保证计算得到的红利不是负数，C6、D6单元格使用了MAX函数，用直接计算得到的红利数值与0比较，返回最大值

图 4 – 10　MAX 函数

MAX 函数在财务预测模型中常用于计算多余现金或融资缺口。

【例】计算财务预测模型中的融资缺口和多余现金。当融资缺口前期末现金大于等于给定的所需现金，超过部分称为多余现金，此时融资缺口为 0；当融资缺口前期末现金小于所需现金，则差额部分需要借助融资缺口（一种特殊的借款）来补足，此时多余现金为 0。

	A	B	C	D	E	F	G
1							
2			Year 1		Year 2		
3	融资缺口前期末现金		2,000		130		
4							
5	所需现金		300		300		
6	多余现金		1,700	=MAX(C3-C5,0)	0	=MAX(E3-E5,0)	
7	融资缺口		0	=MAX(C5-C3,0)	170	=MAX(E5-E3,0)	
8							

图 4 – 11　MAX 函数计算融资缺口

如图 4 – 11 所示，在第 1 年中，融资缺口前期末现金为 2000，大于所需现金 300，不缺现金。因此多余现金为 1700，融资缺口为 0。

在第 2 年中，融资缺口前期末现金为 130，小于所需现金 300，现金不够。因此多余现金为 0，需要借钱使期末现金达到所需现金，即融资缺口为 170。

4. NPV 函数

NPV 是 Net Present Value（净现值）的缩写，是将多期现金流折现加总后得到的值。通过对比不同项目的 NPV，可以判断哪一个项目的净现值最大，用来初步判断该项目是否值得开展。NPV 函数的参数提示为：

$$= NPV（rate，value1，[value2]，...）$$

其中，rate 是现金流折现率；value1，value2... 是各期的现金流。

使用 NPV 函数需要注意以下三点：

（1） NPV 函数得到的现值对应的时点是第一期现金流对应时点之前的一期。也就是说，如果 NPV 函数中的现金流是 2018 ~ 2021 年四年每年年末的现金流，则使用 NPV 函数计算得到的是这些现金流折现到 2017 年年末（第一期 2018 年之前一年）的现值和。

（2） NPV 函数中现金流之间的时间间隔需相等。如果某期现金流为 0，也应将其放在参数中，保证每期间隔相等，并在相应单元格填上 0。

（3） NPV 函数中折现率是两期间隔时间的折现率，如果是对月度现金流折现，需要使用月度折现率（如果已有年折现率则需要进行转换）。比如年折现率为 9%，则换算成月度折现率为 9% / 12 = 0.75%。

【例】预测某项目未来 4 年年末现金流如图 4 - 12 所示，第 1 年年末投资 20 万元，第 2 ~ 4 年每年年末收回 8 万元。如果投资人要求的年回报率为 8.1%，以此作为折现率，计算该项目所有现金流（包括投入现金流）折现到第 1 年年末的现值，即项目的 NPV。

	A	B	C	D	E	F	G
1							
2			Year 1	Year 2	Year 3	Year 4	
3		现金流（年末）	-200,000	80,000	80,000	80,000	
4		折现率	8.1%				
5							
6			方法一		方法二		
7		第1年年末现金流现值	5,796		5,796		
8			=NPV(C4,D3:F3)+C3		=NPV(C4,C3:F3)*(1+C4)		

要得到历年现金流在第1年年末的净现值，通常有两种做法：

（1）使用NPV函数折现第2~4年的现金流，再加上第1年现金流；

（2）使用NPV函数得到第0年年末的现值再乘以（1 + 折现率）得到第1年年末的现值

图 4 - 12　NPV 函数

5. IRR 函数

内部收益率，就是使现金流入现值总额与现金流出现值总额相等（即净现值等于零）的折现率。按常规的试算法计算内部收益率是非常麻烦的，需要不断用数值做尝试。用 Excel 提供的内部收益率函数（IRR 函数）则可以直接得到结果。IRR 函数的参数提示为：

$$= IRR（values，［guess］）$$

其中，values 表示每一期的现金流，guess 表示采用试算法计算时使用的初始值，如果不输入初始值（即该参数为空），默认初始值为 10%。

使用 IRR 函数需要注意以下几点：

（1）IRR 函数中现金流序列的时间间隔必须相等，无现金流的时间间隔需要填 0；

（2）IRR 计算得到的内部收益率是指两期之间时间间隔对应的收益率，如果间隔不是整年，计算年化收益率时还需做年化处理；

（3）如果现金流序列正负交替两次或两次以上，则不同初始值计算出的 IRR 可能不止一个结果，此时不容易判断哪一个是合理值；

（4）IRR 函数的计算过程中假设未来每笔现金流都可以获得等同于 IRR 的再投资回报率。

【例】预计某企业新投产项目，投入资金（第 1 年年末投入）及投入后未来 3 年年末的现金流如图 4－13 所示，计算该项目的内部收益率。

	A	B	C	D	E	F	G
1							
2			Year 1	Year 2	Year 3	Year 4	
3		现金流	-2,973.3	1,039.2	1,290.9	1,593.2	
4							
5		内部收益率	14.1%	=IRR(C3:F3)			
6			14.1%	=IRR(C3:F3,1%)			
7							
8							
9							
10							

参数为历年现金流，如果不输入初始内部收益率，则默认从10%开始试算

输入初始值1%，从1%开始试算

图 4－13　IRR 函数

【例】错误示例：若现金流为 0 时，设置空单元格的错误结果（见图 4－14）。

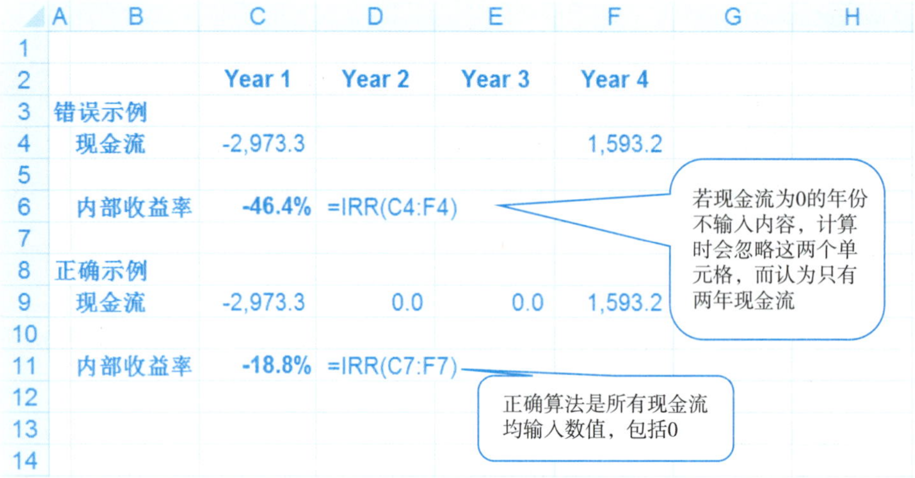

图4-14　IRR函数

> **提示：** 使用 **NPV** 和 **IRR** 函数时，各期的间隔必须相同。即使某期的现金流为 **0** 也必须输入，否则不能得出正确的计算结果。

6. XNPV 函数

XNPV 函数可以视为 NPV 函数的加强版，可以用来计算一组不定期发生的现金流的净现值。XNPV 函数的参数提示为：

$$= XNPV（rate，values，dates）$$

其中，rate 表示现金流折现率；values 表示与 dates 中的支付时间相对应的现金流序列，dates 为与现金流支付相对应的支付日期表。

使用 XNPV 函数需要注意以下几点：

（1）折现率 rate 为年化的折现率；

（2）与现金流支付相对应的支付日期表须用日期格式；

（3）折现得到的净现值的时点对应第一个支付日期（支付开始日期）；

（4）除第一个支付日期是最早的支付日期外，其余日期不需要按顺序。

【例】某投资项目的现金流和对应日期如图4-15所示，如果投资人的年化要求回报率为 15.0%，请计算该项目在 2013/3/22 时的净现值。

7. XIRR 函数

XIRR 函数可以理解为 IRR 的加强版，可以用来计算一组不定期发生的现金流序列的

	A	B	C	D	E	F	G
1							
2			2013/3/22	2014/5/25	2014/6/13	2018/5/20	
3		现金流	-2,000	900	1,000	1,500	
4		折现率	15.0%				
5							
6		净现值	335	=XNPV(C4,C3:F3,C2:F2)			
7							

图 4－15　XNPV 函数

内部收益率。即放宽 IRR 的适用条件——各期现金流的间隔可以不相同。XIRR 函数的参数提示为：

= XIRR（values，dates，[guess]）

其中，values 表示与 dates 中的支付时间相对应的现金流序列，dates 为与现金流支付相对应的支付日期表，guess 表示可选参数，作为试算法的初始值。

使用 XIRR 函数需要注意以下两点：

（1）与现金流支付相对应的支付日期表须用日期格式，可按任何序列排列；

（2）XIRR 计算得到的内部回报率一定是年化的回报率。

【例】某投资项目的现金流如图 4－16 所示，计算该项目的年化内部收益率。

	A	B	C	D	E	F	G
1							
2			2013/3/22	2014/5/25	2014/6/13	2018/5/20	
3		现金流	-2,000	900	1,000	1,500	
4							
5		内部收益率	22.9%	=XIRR(C3:F3,C2:F2)			
6							

图 4－16　XIRR 函数

8. MIRR 函数

MIRR 函数也是 IRR 的一种变化版本，可以用来解决现金流正负交替两次或以上时出现多解的问题，也称为修正的收益率。MIRR 函数的参数提示为：

= MIRR（values，finance _ rate，reinvest _ rate）

其中，values 表示现金流序列（至少包括一个正值和负值），finance _ rate 是现金流中现金流出对应的资金支付利率，reinvest _rate 是将现金流流入对应的再投资收益率。

为了解决现金流正负交替两次或两次以上时，计算出的内部回报率可能不止一个的问题，需要给出现金流使用的资金支付利率 finance _ rate 和将现金流再投资的收益率reinvest _ rate。MIRR 的计算逻辑是：首先将所有现金流出按资金支付利率折现到期初得到期初对应的总流出，再将所有现金流入按再投资收益率计算到期末得到一个总流入未来值，最后计算期初现金流总流出到期末现金流总流入两个数所对应的复合回报率。

使用 MIRR 函数需要注意以下两点：

（1）和 IRR 函数一样，MIRR 函数中每一期现金流的时间间隔必须相等；

（2）资金支付的利率和再投资收益率的数值与现金流的间隔保持一致，若现金流时间间隔为月，则这两个利率（或收益率）为月度数值，计算出来的修正收益率也是月度的，计算年化收益率时还需做年化处理。

【例】某投资项目的现金流、资金支付利率和再投资回报率如图4-17所示，计算该项目的内部收益率（修正的收益率）。

	A	B	C	D	E	F	G	H	I
1									
2			Year 1	Year 2	Year 3	Year 4	Year 5	Year 6	
3		现金流（万元）	-9,950	24,600	-14,500	1,000	-1,000	500	
4		资金支付利率	6.0%						
5		再投资回报率	15.0%						
6									
7		MIRR函数	13.7%	=MIRR(C3:H3,C4,C5)					
8									
9		用IRR函数计算	-12.3%	=IRR(C3:H3)		默认初始试算值10%			
10		用IRR函数计算	-66.5%	=IRR(C3:H3,11%)		初始试算值设为11%			
11		用IRR函数计算	56.4%	=IRR(C3:H3,14%)		初始试算值设为14%			
12									

图4-17　MIRR 函数

示例中，由于现金流正负交替数次，若使用 IRR 函数，初始试算值取不同值（10%、11%、14%）会得到差异巨大的结果。产生多解的 IRR，结果没有任何实际意义。

因此，若认为现金流出部分是通过融资获得，未来的现金流流入会投入到指定再投资回报率的项目中，则可以考虑使用 MIRR 函数，得到相应的回报率进行参考。

4.3　　　　　　　　　　　　　　　　　　　逻辑相关函数

逻辑相关函数是一类进行真假判断或条件检验的函数。

本节介绍的函数涉及两个特殊值：TRUE 和 FALSE。TRUE 表示逻辑值为真，或者符合判断条件（即条件成立），FALSE 表示逻辑值为假，或者不符合判断条件（即条件不成立）。因此在使用逻辑函数时，首先要弄清楚该函数的判断条件是什么。

1. IF 函数

使用 Excel 进行财务建模时，经常需要使特定的单元格在不同的条件下显示不同的结果。使用 IF 函数可以帮助我们实现这一功能。IF 函数的参数提示为：

$$= IF（logical\_test，[value\_if\_true]，[value\_if\_false]）$$

其中，logical_test 是判断条件，value_if_true 是条件成立时 IF 函数的返回值，value_if_false 是条件不成立时的返回值。后两个参数可以是数字、文字或者计算公式等。

【例】如图 4−18 所示，要通过某企业未来 3 年净利润来判断其经营状态（盈利或亏损）。净利润大于或等于 0 时显示"盈利"，净利润小于 0 时显示"亏损"。

此时可使用 IF 函数，以"净利润≥0"为判断条件，条件成立时的返回值为"盈利"，条件不成立时的返回值为"亏损"。

此外，已知该企业承诺未来 3 年间，以当年净利润的 50% 发放红利，亏损年份不发放红利。计算该企业每年应支付的红利。

之前介绍过使用 MAX 函数来避免出现红利为负的情况，使用 IF 函数也可以实现。判断条件为"净利润≥0"，条件成立时返回值为"净利润×50%"；条件不成立时返回 0。

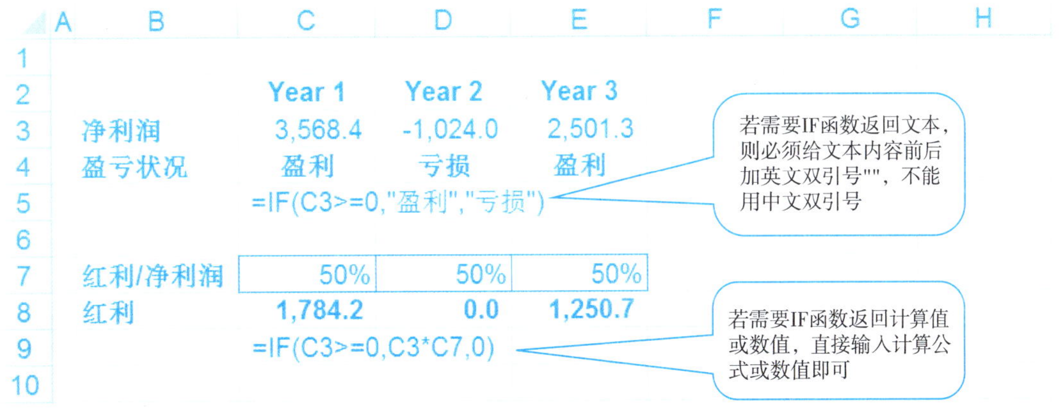

图 4 − 18 IF 函数

有时仅用"是与否"的一重判断无法解决复杂的条件判断问题，而需要使用多重判断。此时可以在 IF 函数中嵌套 IF 函数。比如：

$$= IF（条件 A，IF（条件 B，公式 1，公式 2），公式 3）$$

在 Excel 中，嵌套的多重函数可以从外往里读，上面这个函数表示：如果条件 A 成立，则进行条件 B 的判断并返回相应的值，否则计算公式3；在条件 A 成立的情况下，如果条件 B 成立，则计算公式1；如果条件 B 不成立，则计算公式2。

在重资产行业财务预测模型中，固定资产产生折旧的计算常用 IF 函数解决。在《估值建模》（中国金融出版社出版）中，有详细介绍。

2. ISERROR 函数

在 Excel 公式计算结果中，有时会显示一些特殊的错误提示。了解不同错误提示所代表的意义，能便于我们快速查找公式出错的原因。

常见的报错信息如表4-1所示。

表4-1   Excel 单元格常见报错信息

提示	错误
#DIV/0!	公式中以0作为分母
#N/A	数据无效或没有定义
#NAME?	包含了没有定义的范围或单元格（在输入公式时，公式名称错误也会得到此错误提示）
#NULL!	运用交叉运算符时引用没有重叠区域的两个区域
#NUM!	无效参数，或者返回的数值超过 Excel 定义范围
#REF!	无效的单元格引用（经常出现在公式引用的单元格被删掉时）
#VALUE!	数据类型错误，或在输入函数时出现输入错误

ISERROR 函数可以用来检测公式结果是否为错误值（即单元格是否返回表4-1中提到的错误提示），其参数提示为：

$$= ISERROR （value）$$

其中，value 表示需要进行判断的公式结果。如果是错误值，ISERROR 函数将返回逻辑值 TRUE；如果不是错误值，ISERROR 函数将返回逻辑值 FALSE。如图4-19所示。

图4-19中 B9 单元格公式分母为0，单元格显示错误提示"#DIV/0!"，ISERROR 函数返回逻辑值 TRUE。

Excel 的错误提示会影响整个模型的美观和可读性，对错误值所在单元格的引用甚至可能破坏整个模型，此时可以把 IF 函数与 ISERROR 函数结合使用，在公式得到错误值时单元格可以显示为用户指定的形式（例如显示为空文本单元格）。

IF 函数与 ISERROR 函数结合使用时，公式形式通常如下：

$$= IF （ISERROR （value），[value\_if\_true]，[value\_if\_false]）$$

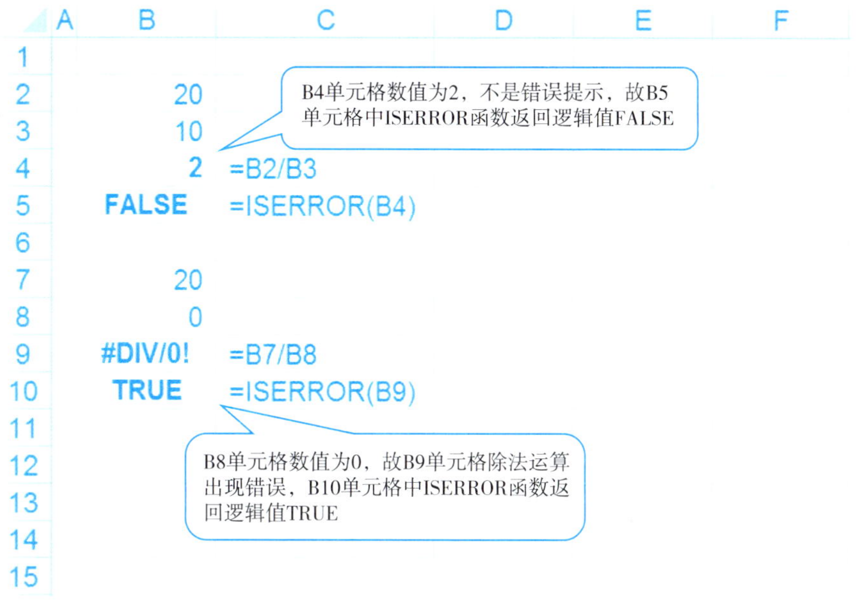

图 4 – 19　ISERROR 函数

其中，ISERROR 函数为 IF 函数的判断条件。ISERROR 函数首先对 value 进行判断，value 为错误值时返回 TRUE，IF 函数的判断条件成立，返回 value_if_true；value 为非错误值时 ISERROR 函数返回 FALSE，IF 函数的判断条件不成立，返回 value_if_false。

【例】在财务预测模型中，某企业未来 3 年其他业务收入及其他业务成本科目的数据如图 4 – 20 所示，计算其他业务成本占其他业务收入的比例。

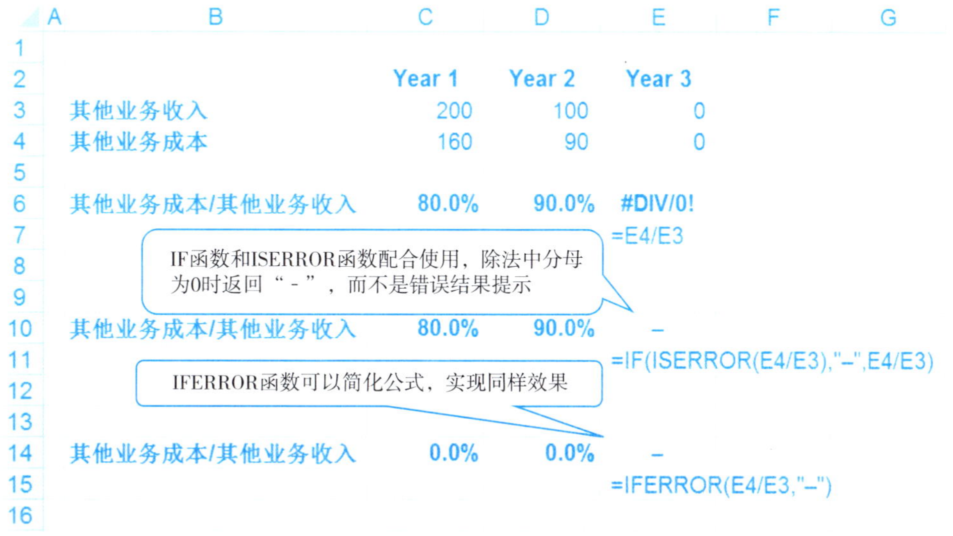

图 4 – 20　IF 函数与 ISERROR 函数配合使用

由于第 3 年其他业务收入为 0，所以直接用其他业务成本除以其他业务收入会返回错误值 "#DIV/0!"（见图 4 - 20 中 E6 单元格）。

E10 单元格使用 IF 函数和 ISERROR 函数的结合，公式为

$$= IF（ISERROR（E4/E3），"-"，E4/E3）$$

在这个公式中，ISERROR 函数判断其他业务成本（E4 单元格）除以其他业务收入（E3 单元格）是否返回错误值，如果 E4/E3 计算结果不是错误值，ISERROR 函数返回 FALSE，IF 函数返回 "E4/E3" 的计算结果；如果 E4/E3 计算得到错误值，则 ISERROR 函数返回 TRUE，IF 函数返回 "-" 表示无法计算（见图 4 - 20）。

利用这样的公式，原本会出现错误提示的单元格就会显示为符号 "-"，而不是错误提示 "#DIV/0!"，使得模型界面更加整洁。

从 Excel 2007 版本起新增了 IFERROR 函数，可以替代上述 IF 函数和 ISERROR 函数结合使用的功能。IFERROR 函数的参数提示为：

$$= IFERROR（value，value\_if\_error）$$

其中，value 是需要判断的值，同时也是判断不成立（即 value 不是错误值）时的返回值；value_if_error 是判断成立（即 value 是错误值）时的返回值。

对于上例中公式 "= IF（ISERROR（E4/E3），"-"，E4/E3）"，可以用 IFERROR 函数实现同样的效果，公式如下：

$$= IFERROR（E4/E3，"-"）$$

IFERROR 的使用效果可见图 4 - 20 中 E14 单元格。

> **i** 提示：随着 Excel 版本的不断更新，在每次新版本中会加入一些新的函数（如 Excel 2007 中的 **IFERROR** 函数，Excel 2016 中的 **CONCAT** 函数），这些函数只能在新版本及更高版本中使用，而不能在低版本中使用。

3. AND 函数

有时一项逻辑判断需要同时满足多个条件。比如在构建固定资产折旧表时，需要判断企业未来新增固定资产在未来的某一年是否产生折旧，产生折旧的年份需要同时满足两个条件：

（1）新增固定资产已经买入或建成；

（2）新增固定资产还没有折旧完。

在 Excel 中，可以用 AND 函数来判断是否同时满足多个条件。AND 函数的参数提示为：

$$= AND（logical1，[logical2]，...）$$

其中，logical1，logical2... 表示需要同时满足的条件。

只有参数中的全部条件都满足时，AND 函数才返回逻辑值 TRUE；只要有一个条件不满足，AND 函数就会返回逻辑值 FALSE。

【例】 在对某公司进行财务预测时，已知公司在第 1 年年初购置进一批折旧年限为 5 年的固定资产，试判断在未来 0～6 年的各年该固定资产是否计提折旧。

该固定资产在未来年份计提折旧需要同时满足两个条件：

（1） 所在年份不早于购入年份（第 1 年），即已经开始产生折旧；

（2） 所在年份不晚于折旧期结束的年份（第 5 年），即折旧未结束。第 6 年及之后超过了固定资产的折旧年限，不再计提折旧。

可以使用 AND 函数来判断这两个条件是否同时满足，同时满足则返回 TRUE，不同时满足则返回 FALSE。如图 4 – 21 所示，在 C6 单元格输入（注意引用购入年份 C2 单元格和折旧年限 C3 单元格时需绝对引用）：

$$= AND（C5 > = \$C\$2，C5 < \$C\$2 + \$C\$3）$$

在 C6 单元格输入公式后，再将该公式向右复制至第 6 年。

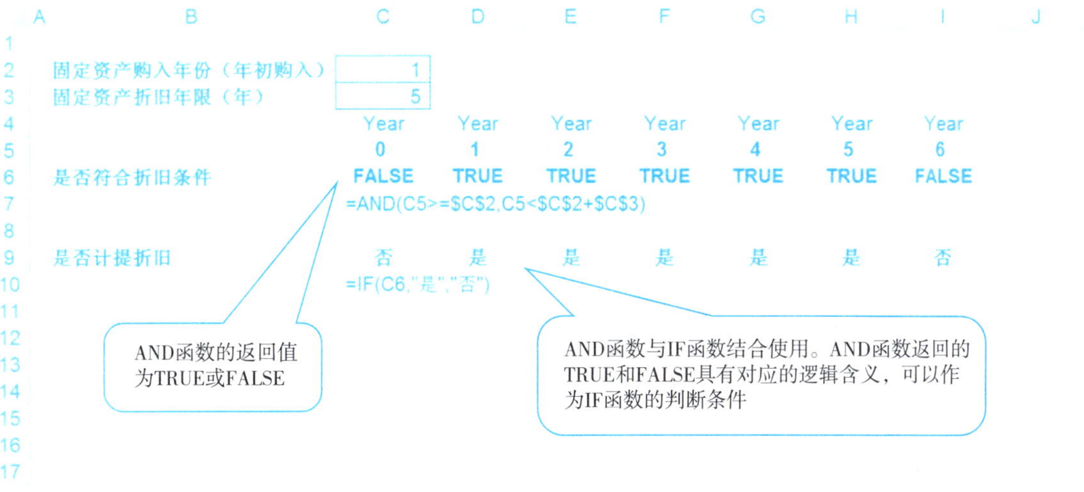

图 4 – 21 AND 函数

得出 TRUE 和 FALSE 的结果后，为了显示更直观，可结合 IF 函数使用，返回文本"是"或"否"。此时以第 6 行中 AND 函数的返回值作为 IF 函数的判断条件，在 C9 单元格输入公式 " = IF（C6," 是 "," 否 "）"，再将该公式向右复制至第 6 年。

4. OR 函数

上文提到的 AND 函数是在所有条件都满足时才返回逻辑值 TRUE，而 OR 函数是只要有一个条件满足时就返回逻辑值 TRUE，只有在所有条件都不满足的情况下，OR 函数才返回 FALSE。OR 函数的参数提示为：

$$= OR（logical1，[logical2]，...）$$

其中，logical1，logical2... 表示判断条件。

【例】已知某公司未来 3 年各年的净利润和付息债务合计预测数据如图 4 – 22 所示。如果净利润为负，或者尚有未还清的债务，公司均不发放红利。判断未来 3 年各年该公司是否发放红利。

根据上述要求，出现以下两种情况中的任意一种，公司都不发放红利：

（1）净利润数值小于 0；

（2）付息债务合计数值大于 0。

可以使用 OR 函数来判断条件是否成立。如图 4 – 22 所示，在 C6 单元格输入：

$$= OR（C3 < 0，C4 > 0）$$

如果两个条件中任何一个条件成立，OR 函数都返回 TRUE，即不符合发放红利的条件；只有两个条件都不成立时，OR 函数才返回 FALSE，即符合发放红利的条件。

	A	B	C	D	E	F
1						
2			Year 1	Year 2	Year 3	
3		净利润	8,973.2	-2,399.1	2,210.9	
4		付息债务合计	6,099.5	0.0	0.0	
5						
6		是否满足条件	TRUE	TRUE	FALSE	
7			=OR(C3<0,C4>0)			
8						
9		是否发放红利	否	否	是	
10			=IF(C6,"否","是")			
11						

图 4 – 22　OR 函数

与 AND 函数类似，OR 函数也可以与 IF 函数配合使用，根据 OR 函数的判断结果返回相应的文本"是"或"否"。OR 函数返回 TRUE 时，表明公司不发放红利，显示为"否"；反之显示为"是"。在 C9 单元格输入"= IF（C6,"是","否"）"，再将该公式向右复制至第 3 年。

4.4   查找与引用函数

在构建财务模型时，经常需要在一系列数据中找出指定的数据，使用 Excel 中的查找与引用函数可以方便地达到这一目的。熟练运用这类函数，可以使财务模型结构更加灵活。

1. CHOOSE 函数

CHOOSE 函数可以返回参数列表中的值，其参数提示为：

$$= CHOOSE（index\_num，value1，[value2]，...）$$

其中，index_num 用以指明 value1，value2... 的序号。也就是说，如果 index_num 为 1，则 CHOOSE 函数返回 value1；如果为 2，则返回 value2，依此类推。参数 value1，value2... 可以是数值、文字、公式，也可以是单元格引用。

提示：CHOOSE 函数参数中的 value 值之间必须用逗号隔开，不能进行连续选择。

CHOOSE 函数在财务建模中的一个重要应用是进行情景分析，这里介绍一个 CHOOSE 函数应用于情景分析的示例。

【例】图 4 – 23 给出了某公司某年收入增长率在三种情景下的假设，现在希望用 C7 单元格做控制开关，根据 C7 单元格的取值（不同取值代表不同情景："1"表示乐观情景，"2"表示基本情景，"3"表示悲观情景）在 E9 单元格返回对应情景下的收入增长率。

在 E9 单元格输入公式 " = CHOOSE（C7，E3，E4，E5）"，C7 单元格数值即为 index_num，C7 单元格等于 1 时，E9 单元格返回 value1，即 E3 单元格的值为 15%，对应乐观情景下的收入增长率，依此类推。

改变 C7 单元格的数值，可在 E9 单元格得到不同情景下的收入增长率。如图 4 – 24 中，将 C7 单元格的情景序号改为 "2" 后，在 E9 单元格就自动得到在基本情景下的收入增长率 10%。

CHOOSE 函数非常灵活，其 value1，value2，value3... 参数并不需要相邻，在分开时也能正常使用。

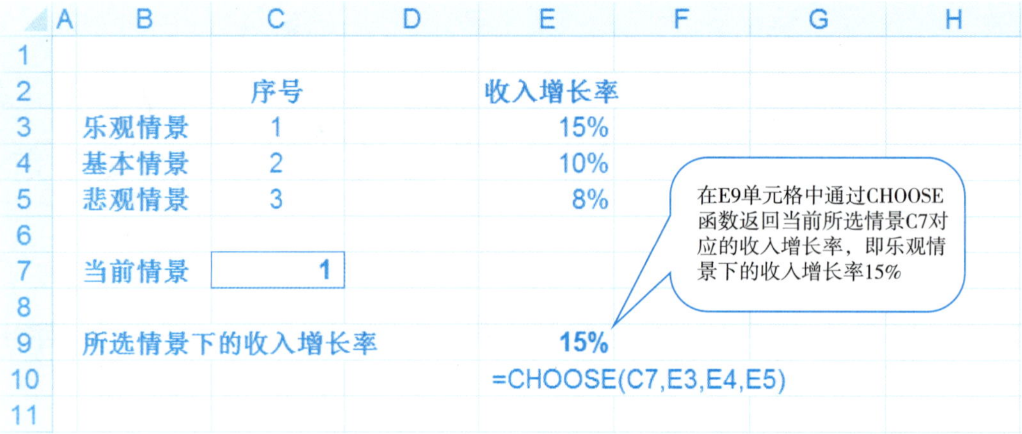

图 4 - 23　CHOOSE 函数示例（1）

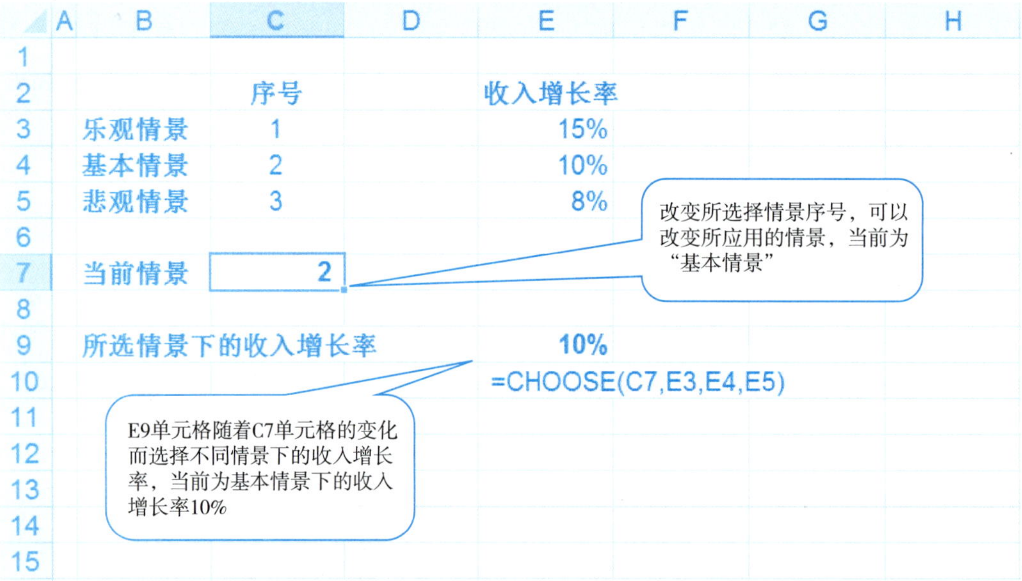

图 4 - 24　CHOOSE 函数示例（2）

2. TRANSPOSE 函数

TRANSPOSE 函数可以用于对数据的排列方式进行转置，并且转置区域的内容保持与原区域的内容的引用关系。例如在模型中将一组以行排列的数据转置成以列排列的数据，当行排列单元格的数据发生变化，列单元格对应项的值也会更新。TRANSPOSE 函数的参数提示为：

= TRANSPOSE （array）

其中，array 为需要进行转置的区域。

与"选择性粘贴"中的"转置"相比，TRANSPOSE 函数本质上是引用原单元格，而"选择性粘贴"主要是粘贴原单元格。也就是说，如果原单元格的结果发生变化，用 TRANSPOSE 函数转置后的单元格会随着原单元格结果的变化而改变，而采用"选择性粘贴"转置后的单元格则不会变化。

TRANSPOSE 函数是 Excel 提供的一个数组函数，在操作上不同于非数组函数。概括起来有两处不同。第一，需要先选输出区域，再输公式；第二，输出时不能按 Enter 键，而需要使用"Ctrl + Shift + Enter"。详细使用步骤如下。

步骤一：选择函数输出区域（即转置后数据区域放置的位置）。在使用 TRANSPOSE 函数时，必须先选中结果输出区域，该区域的行数与列数分别等于需要转置区域的列数与行数。

如图 4 – 25 所示，如果需要对 D2:F3 这个 2 行 3 列的矩形区域进行转置，使得营业收入、营业成本和毛利以列的形式排列，则必须先选中一个 3 行 2 列的矩形区域（如图 4 – 25 中的 B4:C6 区域）。

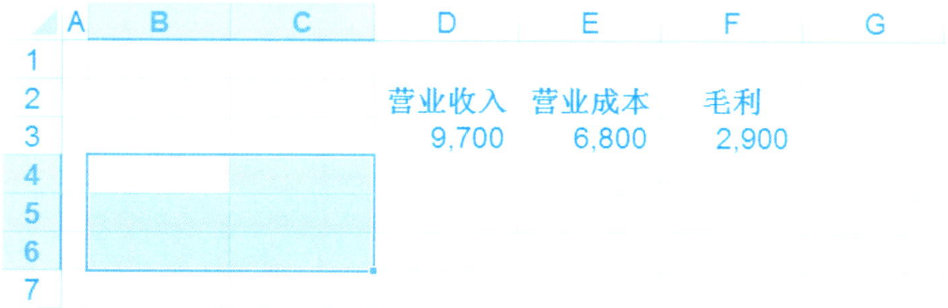

图 4 – 25　TRANSPOSE 函数——步骤一

步骤二：输入函数及其参数（见图 4 – 26）。在选好区域的状态下直接输入" = TRANSPOSE（D2:F3）"，公式显示在活动单元格 B4（Excel 默认活动单元格为选择输出区

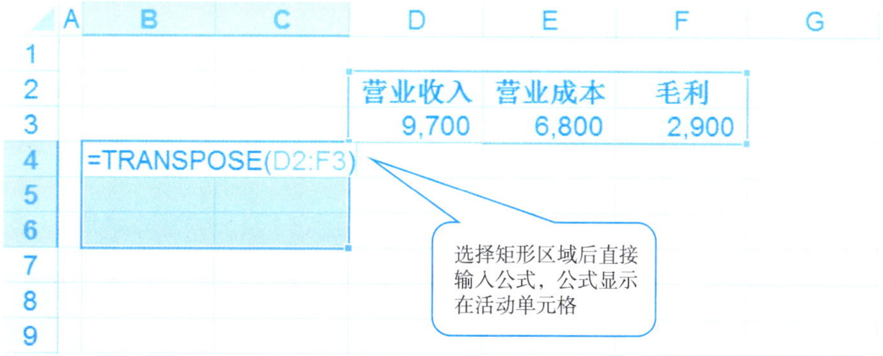

图 4 – 26　TRANSPOSE 函数——步骤二

域时首先选择的单元格)。

步骤三: 按下组合键"Ctrl + Shift + Enter"确认(见图4 – 27)。用组合键确认公式的输入,是数组函数与一般函数在使用上的重大差别。

完成数组公式输入后,编辑栏中显示的公式最外层有一对大括号"{ }",这对大括号并非手动输入,而是用"Ctrl + Shift + Enter"完成公式输入后 Excel 自动添加的,表示该函数为数组函数。

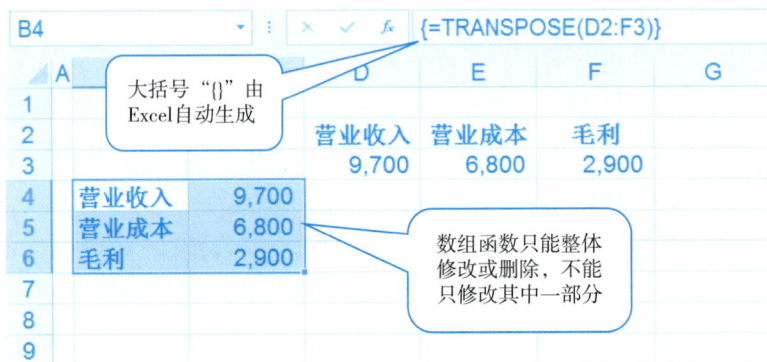

图 4 – 27   TRANSPOSE 函数——步骤三

通过 TRANSPOSE 函数转置得到的数据区域是数组,对数组中的数据只能整体修改或删除,而不能单个修改或者删除。如果尝试修改数组中的一个单元格,系统会弹出错误提示框,此时需要用 Esc 键退出单元格编辑状态。要对数组整体进行修改,首先要选中整个数组。快速选择整个数组可以先将光标放在数组中任意单元格,然后按下选中整个数组的快捷键:

Ctrl + /

提示:使用 TRANSPOSE 数组函数需注意以下三个要点:
①输入函数前,必须先选中整个函数输出区域;
②必须用"Ctrl + Shift + Enter"组合键确认;
③数组函数的结果只能整体修改或删除。

如果仅需要把内容转置方向,而不需要保持转置后区域与原区域之间的引用关系,通常可以使用"选择性粘贴"中的"转置"功能。操作步骤为先选中原区域,复制("Ctrl + C"),然后在新区域打开选择性粘贴对话框("Ctrl + Alt + V"),选择下方的"转置"即可(见图4 – 28)。

图4-28 "选择性粘贴"中的"转置"功能

3. HLOOKUP 函数

HLOOKUP 函数可以在数据区域的首行查找指定的内容，并返回数据区域中指定行同列的内容。HLOOKUP 函数的参数提示为：

= HLOOKUP（lookup _ value，table _ array，row _ index _ num，[range _ lookup]）

其中，lookup _ value 为需要在数据区域首行查找的内容；table _ array 为需要在其中查找数据的数据区域；row _ index _ num 为返回值在数据区域中对应的行序号；range _ lookup 为一逻辑值，用以指定 HLOOKUP 函数是精确匹配还是近似匹配。

Range _ lookup 如果是 TRUE 或不填，则默认为近似匹配，也就是说，如果找不到与lookup _ value 精确匹配的值，则返回小于 lookup _ value 的最大数值。在近似匹配下，table _array 的首行必须按升序排列。如果 range _ lookup 为 FALSE，HLOOKUP 函数将查找精确匹配值，如果找不到，则返回错误值#N/A。

【例】图4-29 给出了某上市公司 2018 年 7 月 6 个交易日的开盘价和收盘价，请根据 C6 单元格所显示的日期，返回对应日期的开盘价和收盘价。

从图4-29 可以看到当数据区域首行（C2：H2）为升序排列，且查找参数在首行中存在时，即 2018 年 7 月 23 日在 6 个交易日中，HLOOKUP 函数使用近似匹配和精确匹配可以返回相同的结果。

如果 C6 单元格输入的日期不在交易日范围内，HLOOKUP 函数使用近似匹配和精确匹配会得到不同的结果。若第 4 个参数为 TRUE 或不填，则 HLOOKUP 函数进行近似匹配，返回小于 C6 单元格日期的最大日期（在本例中为 2018 年 7 月 20 日）对应的开盘价。反

	A	B	C	D	E	F	G	H	I
1									
2	交易日		2018/7/19	2018/7/20	2018/7/23	2018/7/24	2018/7/25	2018/7/26	
3	开盘价（元/股）		6.36	6.68	6.74	6.83	6.54	7.01	
4	收盘价（元/股）		6.65	6.80	6.66	6.91	7.06	6.89	
5									
6	交易日		2018/7/23						
7									
8	近似匹配								
9	开盘价（元/股）		6.74	=HLOOKUP(C6,C2:H4,2,TRUE)					
10	收盘价（元/股）		6.66	=HLOOKUP(C6,C2:H4,3,TRUE)					
11									
12	精确匹配								
13	开盘价（元/股）		6.74	=HLOOKUP(C6,C2:H4,2,FALSE)					
14	收盘价（元/股）		6.66	=HLOOKUP(C6,C2:H4,3,FALSE)					
15									

C2：H2升序排列，交易日在C2：H2中，近似匹配和精确匹配均能得到同样正确的结果

图4-29　HLOOKUP 函数示例（1）

之，若第4个参数为FALSE，则HLOOKUP 函数进行精确匹配，由于2018 年7 月21 日不在6 个交易日中，HLOOKUP 函数返回错误提示#N／A，如图4-30 所示。

	A	B	C	D	E	F	G	H	I
1									
2	交易日		2018/7/19	2018/7/20	2018/7/23	2018/7/24	2018/7/25	2018/7/26	
3	开盘价（元/股）		6.36	6.68	6.74	6.83	6.54	7.01	
4	收盘价（元/股）		6.65	6.80	6.66	6.91	7.06	6.89	
5									
6	交易日		2018/7/21						
7									
8	近似匹配								
9	开盘价（元/股）		6.68	=HLOOKUP(C6,C2:H4,2,TRUE)					
10	收盘价（元/股）		6.80	=HLOOKUP(C6,C2:H4,3,TRUE)					
11									
12	精确匹配								
13	开盘价（元/股）		#N/A	=HLOOKUP(C6,C2:H4,2,FALSE)					
14	收盘价（元/股）		#N/A	=HLOOKUP(C6,C2:H4,3,FALSE)					
15									

C2：H2升序排列，交易日不在C2：H2中，近似匹配和精确匹配得到不同的结果

图4-30　HLOOKUP 函数示例（2）

提示：HLOOKUP 函数可进行近似匹配和精确匹配两种查找方式，使用近似匹配查找方式时须保证数据区域首行按升序排列。

与 HLOOKUP 函数类似的 VLOOKUP 函数可以实现纵向区域内容的查找，详细说明可参考 Excel 程序自带的帮助文档。

4. LOOKUP 函数

LOOKUP 函数可以在查找序列中查找值所在的位置，然后返回结果序列中相同位置的值。这里主要介绍 LOOKUP 函数的常见形式（即单行或单列），其参数提示为：

= LOOKUP（lookup _ value，lookup _ vector，［result _ vector］）

其中，lookup _ value 是 LOOKUP 函数用于在 lookup _ vector 查找序列中进行搜索的值，可以是数字、文本、逻辑值、名称或对值的引用；lookup _ vector 是查找序列，只包含一行或一列的区域；result _ vector 是结果序列（只包含一行或一列的区域，但结果序列与查找序列的大小需相同），如果函数中提供结果序列 result _ vector，则从结果序列中返回与查找值在查找序列中相同位置的值，否则返回查找序列中相同位置的值。

使用 LOOKUP 函数需要注意以下两点：

（1）查找序列 lookup _ vector 中的值必须按升序排列（与 HLOOKUP 相同）。否则，LOOKUP 可能无法返回正确的值；

（2）LOOKUP 函数是近似匹配。如果查找值 lookup _ value 不在查找序列 lookup _ vector 中，则会与查找序列 lookup _ vector 中小于或等于 lookup _ value 的最大值进行匹配。（举个例子，查找序列为 11，13，15，16，17；查找值为 14。因为 14 不在查找序列中，因此找到小于 14 的最大数值 13，对应查找序列中的匹配位置为 2，这时 LOOKUP 函数返回结果序列的第 2 个数）

【例】查找指定日期的价格（见图 4 - 31）。

图 4 - 31 LOOKUP 函数

查找序列（C2: H2）满足 LOOKUP 函数的升序要求，C3: H3 为结果序列。

当交易日在查找序列中可以直接找到，交易日 2018/7/23 在查找序列（C2: H2）中处于第 3 位，则 C7 单元格公式直接返回结果序列（C3: H3）中的第 3 个数字，即 6.74。

当交易日不在查找序列中，交易日 2018/7/21 在查找序列（C2∶H2）中处于第 2 位和第 3 位之间，所以取 2。则 C11 单元格公式直接返回结果序列（C3∶H3）中的第 2 个数字，即 6.68。

5. INDEX 函数

INDEX 函数用于返回表格或区域中的值或值的引用，这里仅介绍 INDEX 函数中的常用用法——返回某行及某列交叉对应的单元格。若是一维序列，则可以控制其返回指定序号的元素，其参数提示为：

$$= INDEX（array，row\_num，[column\_num]）$$

其中，array 为单元格区域或数组常量；row_num 及 column_num 对应数组中的行序号和列序号。

如果是二维数组，需同时使用参数 row_num 和 column_num，INDEX 函数返回数组区域中 row_num 和 column_num 交叉处的单元格中的值；

如果数组区域仅为一维序列，仅使用 row_num，返回数组序列的第 row_num 个元素。

【例】某投资公司于 2017 年底参股一家企业，预计持有 3~5 年退出（假设在年末退出）。图 4-32 给出了该企业未来 5 年的预测净利润，请设计公式实现根据持有年数返回退出当年的预测净利润的效果。

	A	B	C	D	E	F	G	H	I
1									
2				2018E	2019E	2020E	2021E	2022E	
3		净利润		6,000	7,200	8,100	9,000	10,000	
4									
5		持有年数	4						
6									
7		退出当年净利润	9,000	=INDEX(D3:H3,C5)					
8		退出当年净利润	9,000	=INDEX(D2:H3,2,C5)					
9									

图 4-32　INDEX 函数

示例中，数组 array 可以选择净利润 1 行，这时可以省略 column_num，把数组简化为一维序列，row_num 选择持有年数即可。

数组 array 也可以选择年份和净利润两行，这时不能省略参数，需要同时给出行、列参数。row_num 为 2，column_num 选择持有年数。

6. MATCH 函数

MATCH 函数可在单元格区域中搜索指定项，然后返回该项在单元格区域中的相对位置。其参数提示为：

$$= MATCH（lookup \_ value，lookup \_ array，［match \_ type］）$$

其中，lookup _ value 是要查找的值，即用于查找序列 lookup _ array 中匹配的值。查找 lookup _value 参数可以为值（数字、文本或逻辑值）或对数字、文本或逻辑值的单元格引用。

查找序列 lookup _ array 是要搜索的单元格区域。

match _ type 是可选参数，可选数字 −1、0 或 1，默认值是 1。0 代表精确查找，lookup _ array 可以按任何顺序排列；−1 和 1 代表近似查找，选择 1 时，lookup _ array 必须按升序排列，MATCH 查找小于或等于 lookup _ value 的最大值所在位置；选择 −1 时，lookup _ array 必须按降序排列，MATCH 查找大于或等于 lookup _ value 的最小值所在位置。

【例】 查找指定日期在日期序列的位置序号。

	A	B	C	D	E	F	G
1							
2	交易日		2018/7/19	2018/7/20	2018/7/23	2018/7/24	
3	开盘价（元/股）		6.36	6.68	6.74	6.83	
4							
5	交易日在序列中可以直接找到						
6	日期		2018/7/23				
7	在序列中位置（精确匹配）		3	=MATCH(C6,C2:F2,0)			
8	在序列中位置（近似匹配）		3	=MATCH(C6,C2:F2,1)			
9							
10	交易日不能在序列中直接找到						
11	日期		2018/7/21				
12	在序列中位置（精确匹配）		#N/A	=MATCH(C11,C2:F2,0)			
13	在序列中位置（近似匹配）		2	=MATCH(C11,C2:F2,1)			
14							

图 4 −33 MATCH 函数

若需精确查找，即找得到返回序号，找不到返回#N/A。需要将第三个参数设置为 0。图 4 −33 中，C7 和 C12 单元格皆为精确查找，所以当日期在交易日序列（C2：F2）中，C7 单元格返回序号 3；当日期不在交易日序列中，C12 单元格返回#N/A。精确查找不需要查找序列预先排序。

若需近似查找，即找不到时找附近数对应位置序号，查找序列需要预先排序，否则会返回错误结果。查找序列升序时，返回不超过查找值的最大值所在序号，查找序列降序时，返回不小于查找值的最小值所在序号。

图 4 −33 中查找序列升序排列，C8 和 C13 单元格皆为近似查找，MATCH 函数中第三个参数设置为 1。当日期在查找序列（C2：F2）中，C8 单元格返回序号 3（等同于精确查找的结果）；当日期不在交易日序列中，C13 单元格返回 2（2018/7/20 是不超过查找值 2018/

7/21 的最大值，排列序号为 2）。

MATCH 函数通常和 INDEX 函数结合使用，可以实现灵活的查找需求，利用 MATCH 函数返回查找值在查找序列中的排列序号，利用 INDEX 函数在结果序列中返回查找结果。

【例】 同前面 LOOKUP 函数示例，查找指定日期对应的价格。

	A	B	C	D	E	F	G
1							
2		交易日	2018/7/19	2018/7/20	2018/7/23	2018/7/24	
3		开盘价（元/股）	6.36	6.68	6.74	6.83	
4							
5		返回小于等于日期的最近交易日的开盘价					
6		日期	2018/7/21				
7		开盘价（近似匹配）	6.68	=INDEX(C3:F3,MATCH(C6,C2:F2,1))			
8							
9		返回等于日期的交易日的开盘价，若没有返回空值					
10		日期	2018/7/21				
11		开盘价（精确匹配）					
12		=IF(ISERROR(MATCH(C10,C2:F2,0)),"",INDEX(C3:F3,MATCH(C10,C2:F2,0)))					
13							
14		日期	2018/7/23				
15		开盘价（精确匹配）	6.74				
16		=IF(ISERROR(MATCH(C14,C2:F2,0)),"",INDEX(C3:F3,MATCH(C14,C2:F2,0)))					
17							

图 4 – 34 MATCH 函数与 INDEX 函数结合使用

C7 单元格利用 INDEX 和 MATCH 实现近似匹配效果，MATCH 函数第三个参数设置为 1（查找序列升序排列），等同于 LOOKUP 函数（见图 4 – 34）。

C11、C15 单元格利用 MATCH 函数的精确匹配功能（MATCH 函数第三个参数设置为 0，不需要查找序列预先排序），类似于 HLOOKUP 的精确查找（见图 4 – 34）。INDEX 和 MATCH 函数结合比 HLOOKUP、VLOOPUP 更为灵活，查找序列和结果序列可以分开。

在精确查找查不到结果返回#N/A 时，C11、C15 单元格中加入了前文介绍的 ISERROR 函数（见图 4 – 34），将错误值替换为空单元格，使结果看起来更直观。

7. OFFSET 函数

OFFSET 函数以指定的位置为参照，通过给定的单元格位置偏移量来选择所需单元格（或区域）。形象地说，OFFSET 函数的使用方法与中学解析几何中所使用的平面直角坐标系类似，首先选择一个单元格（或区域）作为"坐标系"的"原点"，然后给出"纵坐标"和"横坐标"来确定位置，最后给出"高度"和"宽度"来确定所选区域的大小。

OFFSET 函数的参数提示为:

$$= OFFSET（reference，rows，cols，[height]，[width]）$$

其中，reference 指作为"原点"的单元格（或区域）;

rows 指相对于"原点"移动的行数，向下为正，向上为负;

cols 指相对于"原点"移动的列数，向右为正，向左为负;

height 指函数返回区域的行数，即"高度";

width 指函数返回区域的列数，即"宽度"。

height 和 width 都必须为正数。如果不输入 height 和 width，则默认返回区域的大小与 reference 引用区域相同。

需要注意的是，如果 OFFSET 函数返回的是一个区域（非一个单元格），则需要在输入 OFFSET 函数之前先选择相应的输出区域，最后用"Ctrl + Shift + Enter"组合键确认。

【例】图 4 - 35 中 D9 单元格所要引用的单元格为 C4。在 D9 单元格的 OFFSET 函数公式中，以 B6 单元格为参照系，将其视为原点。C4 单元格相对于原点需要向上移动 2 行（即第二个参数 rows 为 -2），再向右移动 1 列（即第三个参数 cols 为 1），由于这里只需返回一个单元格，与 reference 区域大小相同，所以可以省略第四个和第五个参数。

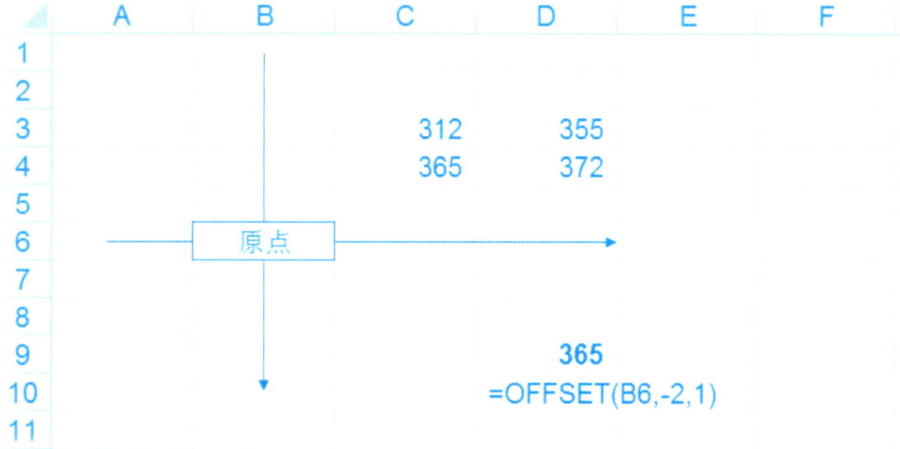

图 4 - 35 OFFSET 函数

OFFSET 函数还可以将多个单元格组成的区域作为参照系。在图 4 - 36 中的 B6 单元格中，"= SUM（OFFSET（C3:D4，-1，-1））"表示"以 C3:D4 所组成的 2 行 2 列区域为参照系，向上移动一行、向左移动一列，对所得区域中的数据加总求和"。由于没有限制 height 和 width 的值，系统默认返回区域与引用区域大小相同，即返回 B2:C3 所围成的 2 行 2 列区域，将此区域数据加总得到 12。而在 B7 单元格的公式中，最后两个参数"1"和"2"限制了返回区域大小为 1 行 2 列，则返回区域为 B2:C2 所组成的区域，数据加总得到 3。

	A	B	C	D	E	F
1						
2		1	2	3		
3		4	5	6		
4		7	8	9		
5						
6		12	=SUM(OFFSET(C3:D4,-1,-1))			
7		3	=SUM(OFFSET(C3:D4,-1,-1,1,2))			
8						

图 4 – 36　OFFSET 函数与 SUM 函数配合使用

在财务模型中，OFFSET 函数还可以用于返回动态的结果。通常的做法是，在 OFFSET 函数的某些参数中引用其他单元格的值，然后通过改变其他单元格的值来改变 OFFSET 函数的返回区域（包括通过 rows 和 cols 控制返回区域的位置，以及通过 height 和 width 控制返回区域的大小）。

在模型中如果需要根据投资年数来得到对应年份的财务指标，就可以运用 OFFSET 函数来实现。

【例】某项目在第 0 年年底投入使用，根据投资年数的不同，在 C6 单元格输出该年份对应的 EBITDA 数据。

由于 OFFSET 函数的 cols 参数引用 C5 单元格，所以当 C5 单元格的值改变时，OFFSET 函数的返回区域也会发生变化（见图 4 – 37）。

	A	B	C	D	E	F	G
1							
2			Year 1	Year 2	Year 3	Year 4	
3		EBITDA	1,000	1,500	2,000	2,500	
4							
5		投资年数	2		可根据需要改变投资年数		
6		退出时EBITDA	1,500	=OFFSET(B3,0,C5)			
7							
8			通过C5单元格来控制C6单元格公式中OFFSET函数返回的区域：从B3单元格开始，向下移动0行（即行不变），向右移动C5单元格数值对应的列数（这里向右移动2列），得到投资2年后，即第2年投资结束退出时的EBITDA数值				
9							
10							
11							
12							
13							

图 4 – 37　OFFSET 函数动态显示结果

4.5　　　　　　　　　　　　　　　　　　　　　时间、日期函数

1. NOW、TODAY 函数（日期和时间函数）

NOW 函数用于输入当前的日期和时间，直接在单元格内输入"= NOW（　）"即可，NOW 函数后面所跟的括号"（　）"中不用输入任何参数，但括号必须保留。

TODAY 函数用于输入当前的日期，直接在单元格内输入"= TODAY（　）"即可。与 NOW 函数类似，TODAY 函数后面的括号中也不需要输入任何参数，但括号必须保留。

关闭 Excel 文档并再次打开后，Excel 工作表自动重算，用函数输入的日期和时间会随之更新（见图 4 - 38）。Excel 工作表重新计算的快捷键为：

F9

如果需要记录当前的日期和时间，而不需要其随着时间的推移而更新，则可以使用快捷键的方式直接输入当前的日期和时间。

输入当前日期的快捷键为：

Ctrl + ;

输入当前时间的快捷键为：

Ctrl + Shift + ;

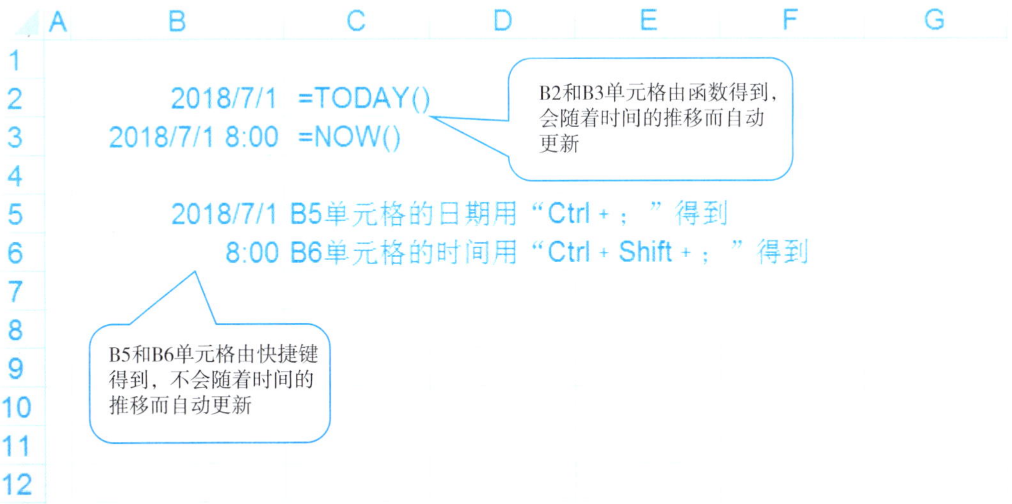

图 4 - 38　NOW、TODAY 函数与快捷键输入的比较

2. EDATE 函数

EDATE 函数可以返回与指定日期相隔某个月份的日期，即同日，不同月（若超过当月最大日期，以最大日期为限）。EDATE 函数的参数提示为：

= EDATE（start _ date，months）

其中，start _ date 为开始日期，months 为开始日期之前（负值）或之后（正值）的月份数。

需要注意的是，start _ date 必须是日期格式而不能是文本格式；months 若不是整数，将截尾取整。

EDATE 函数在项目模型中常用于日期控制。

【例】如图 4 - 39 所示某项目投资的建设期预计为 6 个月，开始日期为 2018 年 5 月 1 日，则可以使用 EDATE 函数返回建设期结束日（即 6 个月后的日期往前算 1 天，2018 年 10 月 31 日），且在 Excel 中可随建设期月份假设变化而变化。

	A	B	C	D	E
1					
2		建设期（月）	6		
3		开始日期	2018/5/1		
4		结束日期	2018/10/31	=EDATE(C3,C2)-1	
5					

图 4 - 39　EDATE 函数

3. EOMONTH 函数

EOMONTH 函数可以返回与指定日期相隔某个月份的日期所在月的最后一天。也是项目模型中常用于控制日期的函数。EOMONTH 函数的参数提示为：

= EOMONTH（start _ date，months）

其中，start _ date 为开始日期，months 为开始日期之前（负值）或之后（正值）的月份数。

与 EDATE 函数类似，start _ date 必须是日期格式而不能是文本格式；months 若不是整数，将截尾取整。

【例】如图 4 - 40 所示某项目投资的建设期预计为 9 个月，开始日期为 2018 年 5 月 29 日，假设完工当月不进行生产，需要在模型中返回完工当月的最后一天作为结束日期。EOMONTH 函数可以返回建设期结束当月最后一天，并且在 Excel 中可随建设期月份变化而变化。

	A	B	C	D	E
1					
2		建设期（月）	9		
3		开始日期	2018/5/29		
4		结束日期	2019/2/28	=EOMONTH(C3,C2)	
5					

图 4－40　EOMONTH 函数

4.6　文本函数

1. LEFT 函数、MID 函数与 RIGHT 函数

LEFT、MID、RIGHT 函数是常用的截取文本内容的函数。

LEFT 函数返回文本字符串中从第一个字符开始的指定个数的字符。LEFT 函数的参数提示为：

= LEFT（text，[num _ chars]）

其中，text 为需要提取的字符的文本字符串；num _ chars 为提取的字符的数量，必须大于等于零，若超过 text 字符串的长度，则返回全部 text 文本，若省略，则假定其值为 1。

MID 函数返回文本字符串中从指定位置开始的特定个数的字符。MID 函数的参数提示为：

= MID（text，start _ num，num _ chars）

其中，text 为需要提取的字符的文本字符串；start _ num 为文本中要提取的第一个字符的位置，必须大于等于 1，若超过文本长度，返回空值；num _ chars 为返回的字符的数量，若大于可返回的文本中的字符串的长度，则返回可返回的文本中的字符串。

RIGHT 函数可以根据所指定的字符数返回文本字符串中最后一个或多个字符。RIGHT 函数的参数提示为：

= RIGHT（text，[num _ chars]）

其中，text 为需要提取的字符的文本字符串；num _ chars 为提取的字符的数量，必须大于等于零，若超过 text 字符串的长度，则返回全部 text 文本，若省略，则假定其值为 1。

【例】提取某一给定日期（文本）当中的年、月和日，再配合 DATE 日期函数可以重新组合成日期格式的数据（见图 4 - 41）。

	A	B	C	D	E	F
1						
2		日期	20180630	文本格式，不能直接辨认为日期格式		
3		年	2018	=LEFT(C2,4)		
4		月	06	=MID(C2,5,2)		
5		日	30	=RIGHT(C2,2)		
6		合成日期	2018/6/30	=DATE(C3,C4,C5)		
7						

图 4 - 41　LEFT 函数、MID 函数与 RIGHT 函数

由于 C2 单元格是文本格式（从数据库取数时常见），不能直接被 Excel 识别为日期格式。可以借助 LEFT、MID、RIGHT 函数提取年、月、日，然后借助 DATE 函数将 C3∶C5 单元格组合成日期格式的数值。

2. & 或 CONCAT 函数

& 及 CONCAT 函数均可以用于将字符串合并，使用方式如下：

= 字符串 & 字符串

= CONCAT（text1，[text2]，...）

CONCAT 函数是 Excel 2016 版本增加的用于替代 CONCATENATE 的函数，相比于 CONCATENATE 函数，CONCAT 函数在参数中可以使用连续区域，使用效果更方便。

【例】合并字符串（见图 4 - 42）。

	A	B	C	D	E
1					
2		诚迅	金融	培训	
3					
4		诚迅金融培训 ◄------		=CONCAT(B2:D2)	
5		诚迅金融培训 ◄------		=B2&C2&D2	
6					

图 4 - 42　& \ CONCAT 函数

3. TEXT 函数

TEXT 函数可以将数值转换为文本，并使用特殊格式字符串指定显示格式。在需要以可读性更高的格式显示数字，或要将数字与文本或符号合并时，可以使用 TEXT 函数。TEXT

函数的参数提示为:

$$= TEXT（value，format\_text）$$

其中，value 可以是数值、计算结果为数值的公式，或对包含数值的单元格的引用；format_text 是用引号括起的文本字符串的数字格式。

图 4-43 示例中，B5 单元格实现将数字按指定小数位数显示，并在后面附上文字"元"；B6 单元格，结合上文中 & 的函数，实现自动化指定格式文字输入，其中汇率随着 C2 单元格变化而变化；B8 单元格，给出 1 位小数百分比格式的示例。如需了解更多示例，可参考 Excel 帮助，或者结合第 5 章自定义格式理解。

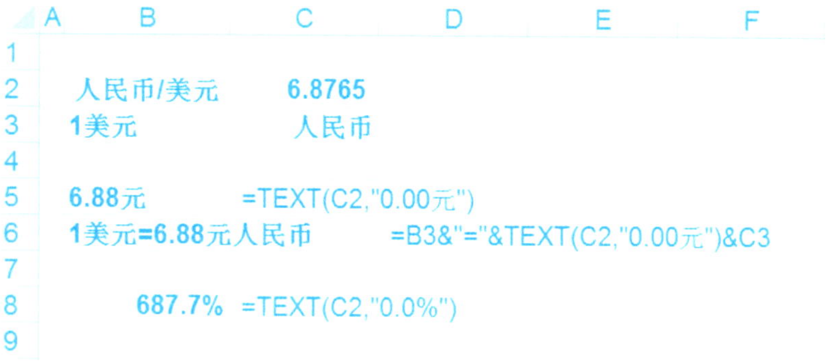

	A	B	C	D	E	F
1						
2		人民币/美元	6.8765			
3		1美元	人民币			
4						
5		6.88元	=TEXT(C2,"0.00元")			
6		1美元=6.88元人民币		=B3&"="&TEXT(C2,"0.00元")&C3		
7						
8		687.7%	=TEXT(C2,"0.0%")			
9						

图 4-43　TEXT 函数

常用建模
技巧

在进行财务建模时，除了需要掌握 Excel 的基本操作和常用函数之外，还需要掌握一些实用建模技巧，以增强模型的可读性和灵活性。

本章将介绍一些重要且常用的建模技巧，包括批注、查找与替换、定位、导航列、定义名称、填充序列、自定义数字格式、条件格式、数据验证、重复操作、迭代计算、公式检查、超链接、组合行列、冻结窗格、多工作簿操作、工作组和 Excel 打印，帮助读者更好地使用 Excel 构建财务模型。

5.1   批注

财务模型中经常需要添加批注，对建模方法、科目等进行解释。例如，财务预测模型中有些假设来源于企业管理层的估计，有些来源于企业的公告，有些是建模者经过整理分析获得，为了方便他人阅读模型时能够清楚了解这些背景信息，通常要在模型中相应的单元格上添加批注。如图 5 - 1 所示。

1. 批注显示状态

用"Alt→T→O"打开"选项"对话框，在"高级"类别中可以对批注的显示状态进行设置（见图 5 - 2）。

批注有三种可选的显示状态：

无批注或标识符：单元格上没有任何显示；

仅显示标识符，悬停时加显批注：在单元格的右上角出现红色三角提示（如图 5 - 1 中 C3 单元格），鼠标指针悬停时显示批注框；

图 5-1　批注标识符与批注框

批注和标识符：红色三角提示与批注都直接显示出来（如图 5-1 中 D3 单元格）。

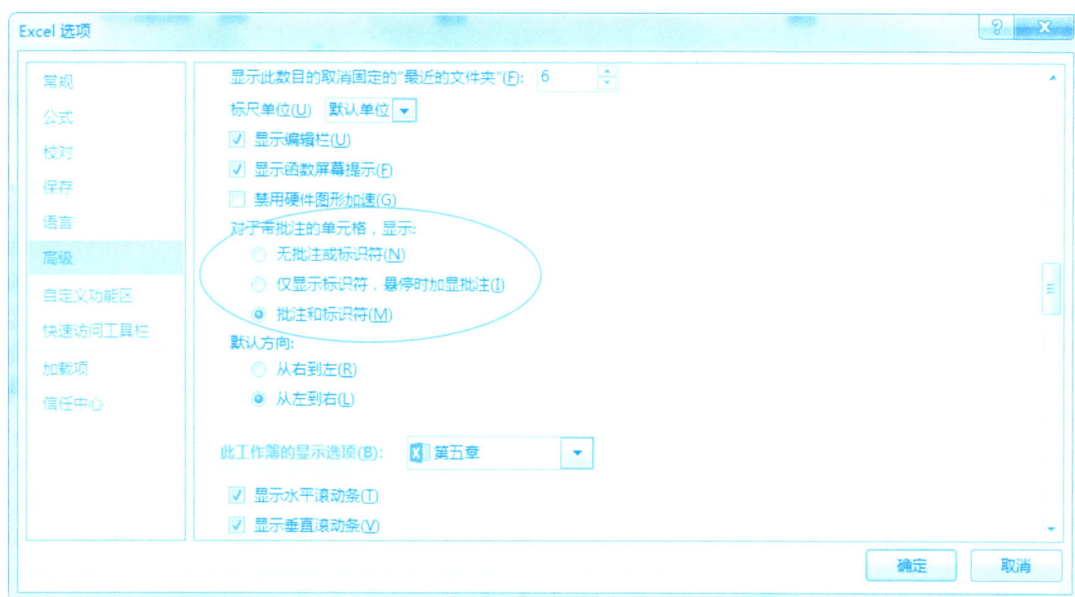

图 5-2　批注的三种显示状态

除了可以对工作簿内所有批注统一设定显示状态外，也可以单独设定某个单元格的批注显示状态。方法是选中该单元格然后单击鼠标右键，选择"隐藏批注"或"显示/隐藏批注"即可。

2. 添加批注

对于无批注的单元格，选中后按快捷键"Shift + F2"，会添加批注框，这时可以看到光标在批注框内，说明可直接进行编辑。按两次 Esc 键可以退出批注状态。

Shift + F2

3. 查看、编辑批注

将鼠标指针悬停在有批注的单元格上时，批注框会自动弹出。

对有批注的单元格使用快捷键"Shift + F2"（与添加批注快捷键相同），可以查看批注并进入批注编辑状态。按两次 Esc 键可以退出批注查看及编辑状态。

4. 删除批注

选中批注所在的单元格，然后按下"Alt→E→A→M"（即 Excel 2003 菜单栏"编辑"→"清除"→"批注"）可以删除批注。此外，当批注处于编辑状态（光标在批注内部）时，按一次 Esc 键（即选中批注框），再按 Delete 键，也可以删除批注。或者鼠标右键，在弹出菜单中选择"删除批注"。

5. "审阅"选项卡

对于批注的查看、添加、编辑和删除等操作，也可以通过"审阅"选项卡的"批注"组中进行操作（见图 5 –3）。

图 5 –3 "审阅"选项卡→"批注"组

5.2 查找与替换

复杂的财务模型包含了大量的信息，有时需要在模型中快速查找所需内容，或者需要对某一项目的内容进行替换。如果在工作簿中逐个查看单元格，需要耗费大量的时间。这时可以利用 Excel 提供的查找和替换功能，由 Excel 自动在工作表中查找或者替换特定的内容。

1. 查找

依次选择"开始"选项卡→"查找和选择"（"编辑"组）→"查找"，可以调出"查找和替换"对话框，快捷键为：

Ctrl + F

对话框包括"查找"和"替换"两个选项卡，在"查找"选项卡下，在"查找内容"栏输入需要查找的内容，选择"查找全部"或"查找下一个"，即可在选定范围内进行相应的查找（见图5-4）。

查找全部：查找出所选区域内所有符合"查找内容"的单元格，并在对话框下方列示出所有查找出的单元格。

查找下一个：查找所选区域内下一个符合"查找内容"的单元格，并跳转到该单元格。

图5-4 "查找和替换"对话框

Excel还提供了查找的高级设置，单击"查找"选项卡中的"选项"按钮，可以对查找内容进行高级设置，包括"范围""查找范围""格式"等（见图5-4）。

（1）范围

在"查找"选项卡的"范围"栏中，可以将查找范围设置为"工作表"或"工作簿"（见图5-5）。若设置为"工作表"且光标在某一单元格，则对单元格所在的整个工作表进行查找；若设置为"工作表"且选择了一个区域，则对所选区域进行查找；若设置为"工作簿"，则对整个工作簿进行查找。

（2）查找范围

在"查找范围"栏中，可以对查找对象的性质进行设置，包括查找"公式"、"值"和"批注"（见图5-6）。

通常情况下，使用查找或替换功能时，Excel只对范围内的单元格中的内容进行查找，

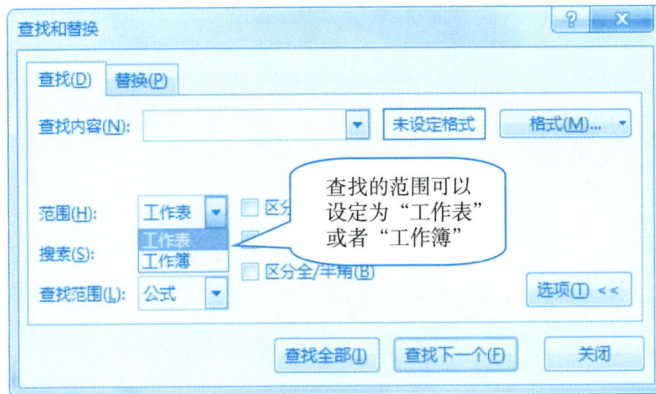

图5-5　"范围"设置

批注中的内容则不在查找范围内。如果将"查找范围"设置为"批注"，则可以对批注中的内容进行查找。

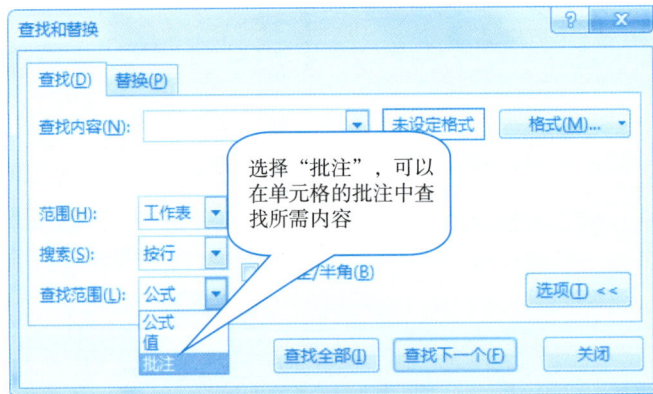

图5-6　"查找范围"设置

（3）格式

通过"格式"的设置，可以查找特定格式下的内容，如所有1位百分比格式的单元格。但若"查找范围"为"批注"，则无法按格式查找。

2. 替换

如果要对某项内容进行替换，则在"查找和替换"对话框中选择"替换"选项卡，在"查找内容"一栏填入需被替换的内容，在"替换为"一栏填入替换后的内容（见图5-7）。

直接进入替换功能的快捷键为：

Ctrl + **H**

替换又分"全部替换"和"替换"。

全部替换：对设置范围中所有符合"查找内容"的单元格进行替换，替换范围的设置与"查找"中"范围"的设置类似。

替换：只对活动单元格进行替换。替换后光标跳转到下一个符合"查找内容"的单元格。如果不需要对查找到的单元格进行替换，则单击"查找下一个"，以切换到下一个符合"查找内容"的单元格。

建议在替换内容时，采用"替换"而不用"全部替换"，这样可以逐个检查需要替换的单元格，以确保正确替换。

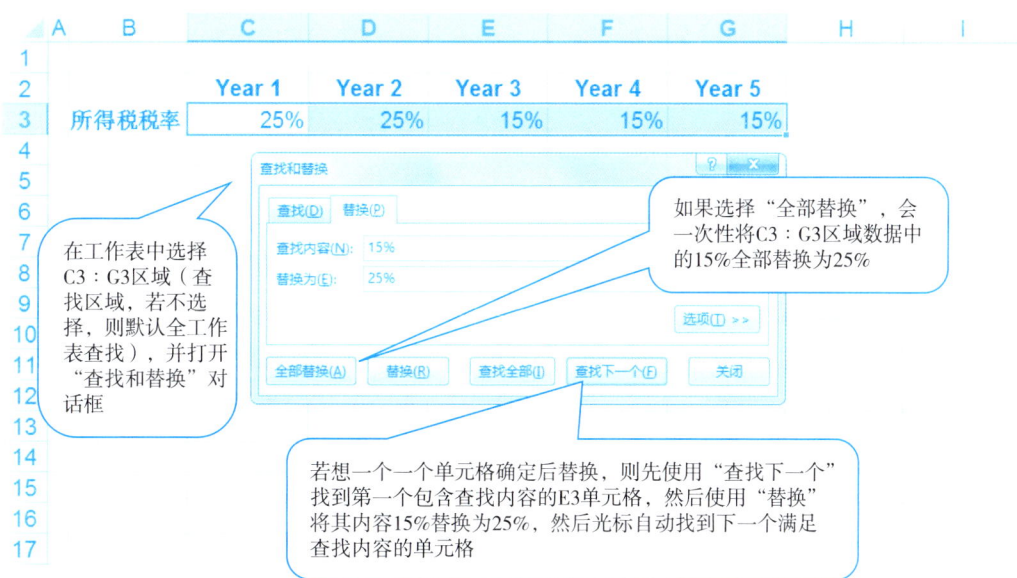

图5-7 "全部替换"与"替换"

与"查找"选项卡下的设置类似，在"替换"选项卡下选择"选项"按钮，同样可以对替换功能进行高级设置，此处不再赘述。

5.3 定位

定位功能可以实现在一定区域中快速跳转到所需要的单元格。在"开始"选项卡下的

"查找和选择"中选择"转到",可以调出"定位"对话框（见图5－8）。

调出定位对话框，使用快捷键更方便（其中字母 G 代表 go to）：

Ctrl ＋ G 或 F5

图 5－8 "定位"对话框

"定位"对话框通常的使用方式包括：

（1）直接在"引用位置"输入单元格（或区域）的地址，则可以直接定位到该单元格（或区域）。例如，在工作簿的任意工作表中按下"Ctrl＋G"，在"引用位置"下的文本框中输入"Sheet1！A1"，然后按 Enter 键，则光标立即定位到 Sheet1 工作表的 A1 单元格。

（2）选择定义过名称的单元格。如果工作簿中已经定义了名称，按下"Ctrl＋G"后，"定位"对话框中"定位"栏会列出已经定义过的名称，双击需要的名称即可定位到该名称所在单元格。

（3）在检查公式时返回所查单元格，这一点将在本章"公式检查"一节详细介绍。

（4）根据"定位条件"选择符合条件的单元格（或区域）。

下面介绍"定位条件"的使用方法。

在"定位"对话框下选择"定位条件"，可以打开"定位条件"对话框。通过选择"定位条件"对话框中的选项，可以在选定区域中挑选出所有符合条件的单元格（见图5－9）。如选择"批注"一项，则可以在选定区域中挑选出所有带有批注的单元格。

财务建模中比较常用的定位条件是"常量"。在 Excel 财务模型中，经常会出现手动输入的数据（即常量）与公式混在同一张工作表内的情况。手动输入的数据通常为假设或者历史数据。为了帮助模型使用者快速识别哪些是手动输入的数据，建模时通常对手动输入的数据设置特定格式以示区别，比如设置为蓝色字体。

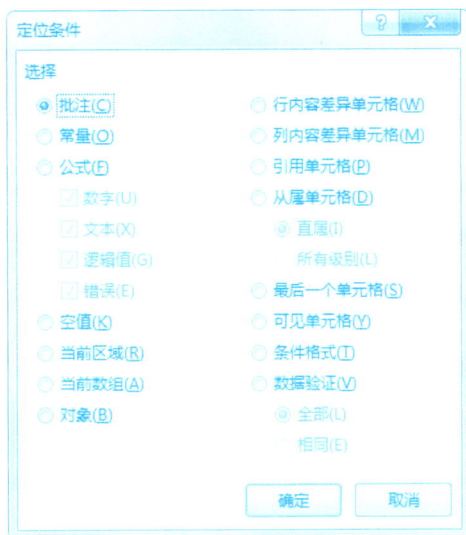

图5-9 "定位条件"对话框

【例】如图5-10所示，在数据区域（C3:C12）中，C3单元格（营业收入）、C4单元格（营业成本）、C7单元格（期间费用）、C8单元格（财务费用）及C11单元格（所得税）是手动输入的数据，C5单元格（毛利）、C9单元格（税前利润）及C12单元格（净利润）是公式。请将手动输入的数据用蓝色字体显示，与用公式计算的数据区分开。

图5-10 选择定位条件

步骤一： 选择 B2:D12 区域（如果不选择具体区域，则默认在整个工作表进行定位），按下 "Ctrl + G" 键打开 "定位" 对话框。

步骤二： 点击 "定位条件" 按钮（或按下 "Alt + S"），调出 "定位条件" 对话框。在 "定位条件" 对话框中选择 "常量"，并将下面四个复选框中的 "文本"、"逻辑值" 及 "错误" 前面的 "√" 取消。用快捷键操作时，只需先按字母 "O" 选择常量，然后按 "X" "G" "E" 分别取消对 "文本" "逻辑值" "错误" 的选择。

步骤三： 按回车键确定，此时可以看到 Excel 选择了 C3、C4、C7、C8、C11 单元格（见图 5 – 11）。这 5 个单元格正是手动输入的数据所在单元格，可以对其直接进行格式调整。

> 提示：用定位条件选择完区域后不要点击任何单元格，或者按方向键移动光标，否则会破坏选择区域。

	A	B	C	D	E	F
1						
2			Year 1			
3		营业收入	1,440			
4		营业成本	936			
5		毛利	504	=C3-C4		
6						
7		期间费用	97			
8		财务费用	102			
9		税前利润	305	=C5-C7-C8		
10						
11		所得税	76			
12		净利润	229	=C9-C11		
13						

手动输入数据所在的C3、C4、C7、C8和C11单元格被选中

图 5 – 11　使用定位功能后

步骤四： 使用 "开始" 选项卡中的字体颜色按钮，或用 "Ctrl + 1" 调出 "设置单元格格式" 对话框，将所选单元格字体颜色设置为蓝色。

5.4　导航列

在 Excel 中构建财务模型时，通常将 A 列的列宽设置得很小（比如设置为 "1"），在 A 列输入类别名称，B 列输入标题名称。这样可以使 A 列与 B 列自然地产生较为美观的缩进

视觉效果，让工作表看起来更清晰。

除此之外，A 列还能起到导航的作用。复杂财务预测模型中，一张工作表可能会有很多行，涉及很多属于不同类别的内容。为了能快速在不同类别之间进行切换，通常在 A 列放置科目类别名称，以方便快速查找。此时 A 列常被称为导航列。

图 5－12 为财务模型中经常需要构建的"资产负债表"。表中内容可以分成"资产""负债""股东权益"等类别。构建模型时，如果在 A 列只输入类别名称，就可以实现光标在不同类别间的快速切换。

比如把光标放在工作表中的 A1 单元格，按"Ctrl ＋ ↓"，则可以快速跳到 A4 单元格，即从标题快速切换到"资产"类别，再按一次"Ctrl ＋ ↓"，则可以将光标快速跳到 A10 单元格，即"负债"类别，实现快速查找科目的效果。

	A	B	C	D	E	F	G
1	物流公司资产负债表						
2			Year 1	Year 2	Year 3	Year 4	
3							
4	资产						
5		货币资金	2 353	3,620	6,916	10,254	
6		经营性流动资产	15 667	18,582	21,332	26,498	
7		固定资产	11 760	16,134	22,802	25,308	
8		资产总计	29,780	38,337	51,049	62,060	
9							
10	负债						
11		短期借款	4 545	6,600	5,480	6,809	
12		经营性流动负债	12 081	16,140	17,305	18,000	
13		长期借款	6 265	5,205	8,091	11,194	
14		负债合计	22,891	27,945	30,876	36,004	
15							
16	股东权益						
17		股本及资本公积	3 000	4,000	4,000	4,000	
18		留存收益	3 889	6,392	16,173	22,056	
19		股东权益合计	6,889	10,392	20,173	26,056	
20							
21	平衡测试		OK	OK	OK	OK	
22							

图 5－12 导航列

5.5 定义名称

1. 定义名称

在财务建模中，某些重要的单元格会被多次引用。如果每次都翻表或移动去引用该单元格，会大大增加工作量以及出错的可能性。使用 Excel 提供的"定义名称"功能，给这些重要的单元格（或区域）定义名称，在引用时输入名称就可以绝对引用这一单元格（或区域），从而减少操作步骤和风险。

　　按下"Ctrl + F3"可以调出"名称管理器"对话框，在对话框中选择"新建"，可以调出"新建名称"对话框（见图 5 – 13、图 5 – 14）。此外，依次选择"公式"选项卡→"定义名称"（"定义的名称"组），也可以调出"新建名称"对话框。

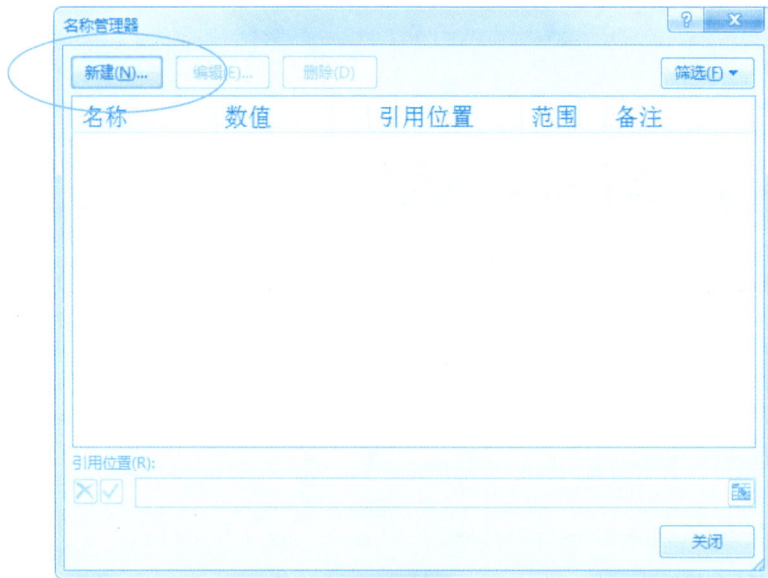

图 5 – 13　"名称管理器"对话框

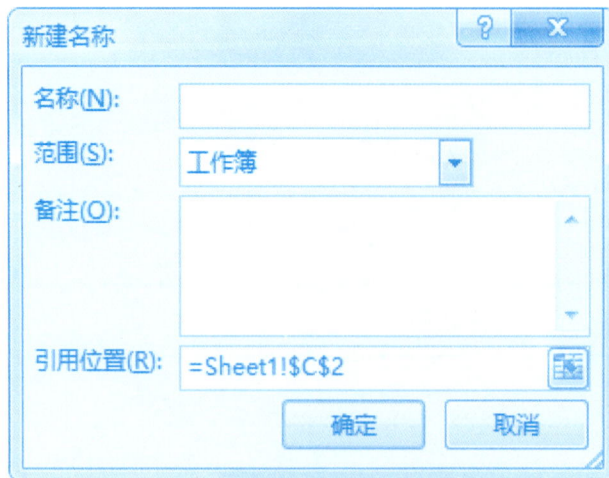

图 5 – 14　"新建名称"对话框

"名称管理器"除了可以调出"新建名称"对话框外，在"名称管理器"下选择定义好的名称，还可以执行"编辑"和"删除"操作。下面通过示例来说明定义名称的具体过程。

【例】在财务建模中，假定加权平均资本成本（WACC）是一个等于10%的常数，为方便在模型计算中引用WACC所在单元格，可以将其所在单元格（C2单元格，如图5-15所示）命名为"WACC"。

定义名称的步骤如下：

步骤一：选中WACC数值所在的C2单元格；

步骤二：调出"新建名称"对话框，快捷键"Ctrl + F3"后选择"新建"；

步骤三：在"名称"栏中输入对该单元格定义的名称"WACC"，同时确认下方"引用位置"中是否显示为该单元格的位置；

步骤四：单击"确定"按钮完成名称的定义。

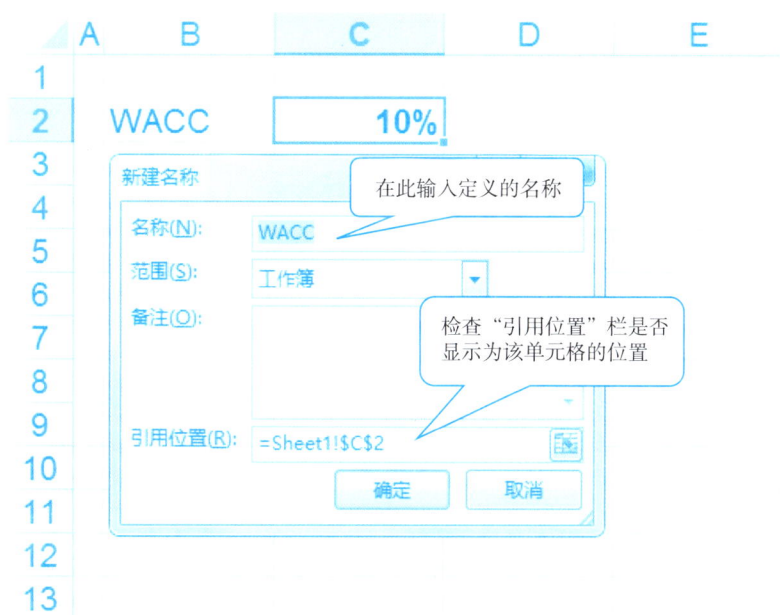

图5-15 定义单元格名称

定义完名称后，C2单元格的名称即为"WACC"，选择该单元格时，Excel工作表的名称框中会显示该单元格所定义的名称"WACC"。如图5-16所示。

如果要在其他单元格公式中引用加权平均资本成本（WACC）（即C2单元格），可以

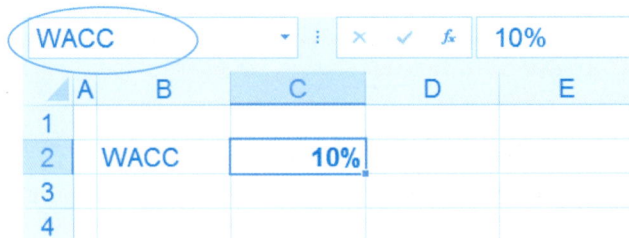

图 5 – 16   名称框显示单元格名称

直接在公式中输入"WACC",等价于输入"C2"(见图 5 – 17)。而且在输入过程中,Excel 会有名称提示(类似于函数输入提示,按 **Tab** 键可以自动完成名称输入)。

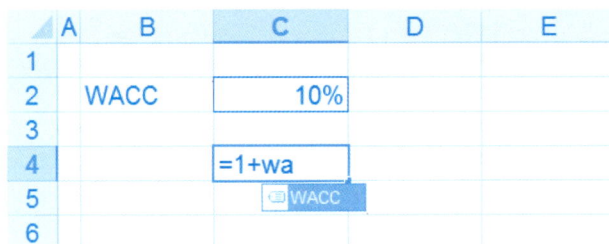

图 5 – 17   公式中使用名称

> **提示**:定义的名称不区分大小写。
>
> 通过输入定义过的名称来引用单元格,相当于绝对引用该单元格。

2. 粘贴名称

F3

在输入公式时,除了直接输入名称外,也可以按下 F3 键调出"粘贴名称"对话框,从本工作簿中所有定义过的名称列表中选择名称进行粘贴。双击需要的名称或用键盘选择对应名称后按回车键,即可将其直接粘贴到公式中,而不必手动输入。如图 5 – 18 所示。

在进行财务建模时,定义的名称最好使用有意义的英文单词,比如加权平均资本成本用其英文缩写 WACC,长期增长率可用 growth 的首字母 g。这样在查看公式时也更容易理解。

输入公式时按下F3键，可以查看定义过的名称。双击需要的名称，即可将其粘贴到公式中，省去了手动输入名称的操作

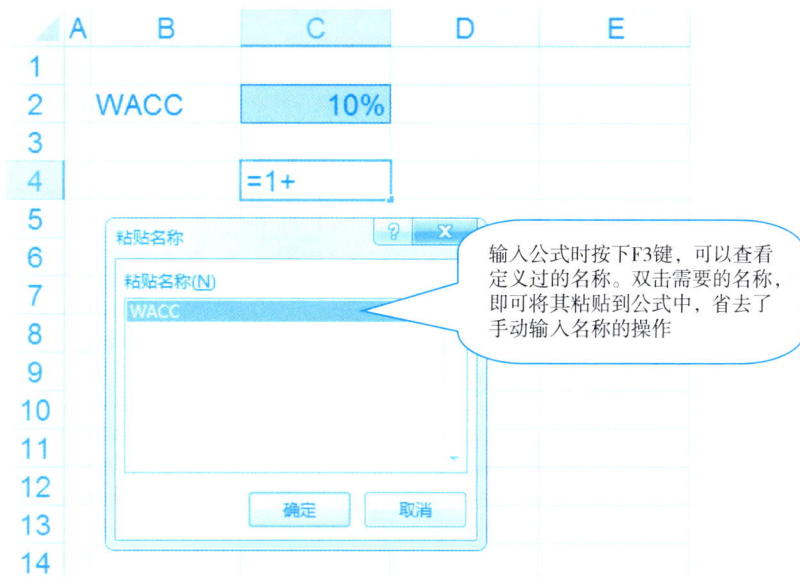

图 5 – 18　按 F3 键粘贴名称

5.6　填充序列

在构建财务模型时，经常需要在 Excel 中输入具有一定规律的序列，例如输入等差递增的年份。除了手动逐个输入数据外，可以采用 Excel 提供的"填充序列"功能来完成。

选择"开始"选项卡下的"填充"按钮 ⬇ （"编辑"组），在出现的下拉菜单中选择"系列"（有些版本为"序列"），可以调出"序列"对话框（见图 5 – 19）。快捷键为：

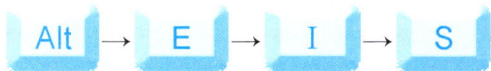

Alt → E → I → S

图 5 – 19　"序列"功能

【例】请在工作表 C3∶H3 区域内输入从 2018 到 2023 的整数作为年份的标识。

步骤一：在 C3 单元格输入 2018 作为起始年份，然后从 C3 单元格开始，按住 Shift 键向右连续选择直至 H3 单元格；

步骤二：按下"Alt→E→I→S"，调出"序列"对话框；

步骤三：如图 5－20 所示，在"类型"中选择"等差序列"，"步长值"使用默认值"1"（如果要修改每次递增或者递减的数字，则可按下"Alt＋S"修改"步长值"）；

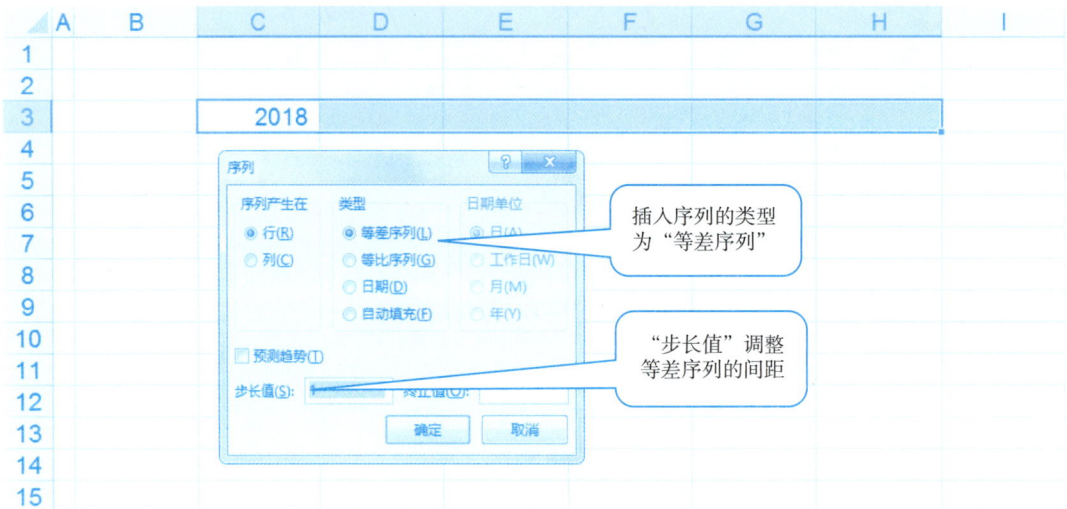

图 5－20　"序列"对话框

步骤四：按回车键或选择"确定"按钮，完成序列的填充（见图 5－21）。

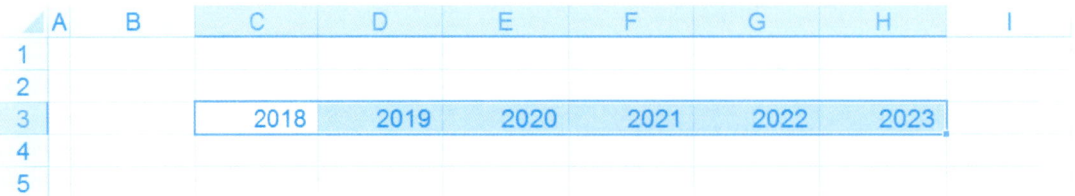

图 5－21　填充序列完成

除了本例中的等差序列外，通过"序列"对话框还可以输入其他规律的序列，如等比序列、日期序列等。模型中常需要填充日期序列，此时可以在对话框的"类型"中选择"日期"，在右侧的"日期单位"中根据需要选择"日"、"工作日"、"月"或者"年"。

若在选择序列中填写了 2 个单元格，则可以通过预测趋势，由 Excel 自动把其他单元格的数值填上。

【例】请根据 B2 单元格和 E2 单元格的数值，在工作表 B2∶H2 区域内完成等差序列填充。

需先选中 B2：H2 区域，打开"序列"对话框，这时下方"步长值"会自动出现按照规律计算的等差序列的步长，若未出现时可以勾选"预测趋势"复选框（见图 5 – 22）。

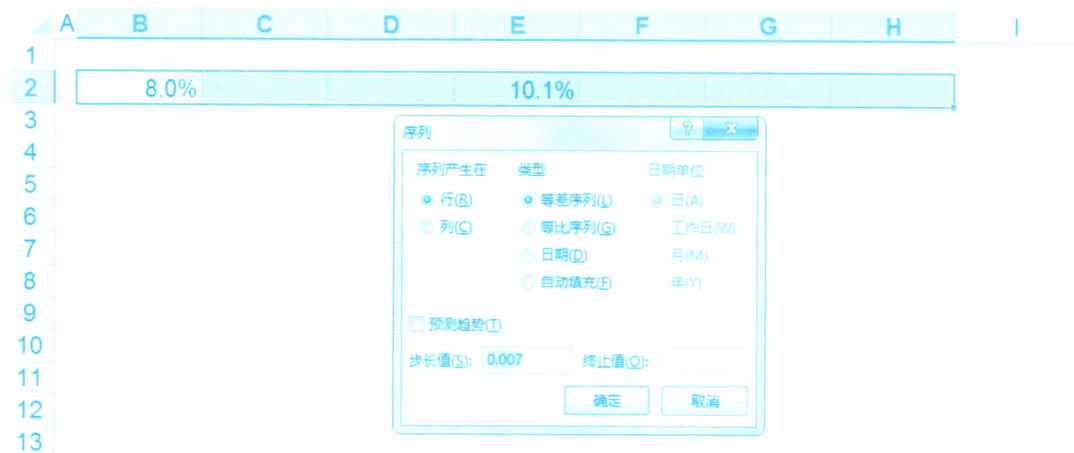

图 5 – 22　填充序列之预测步长（1）

点击确定，所需等差序列就自动填充完毕（见图 5 – 23）。

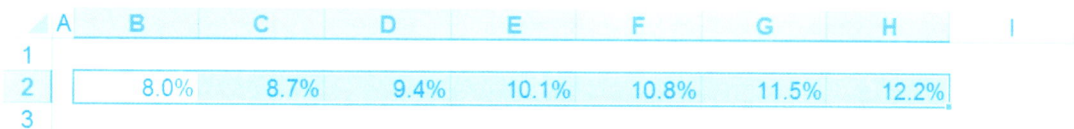

图 5 – 23　填充序列之预测步长（2）

5.7　自定义数字格式

Excel 工作表中有一些特殊格式的单元格，表面上像文本，但又可以作为数字直接参与运算。如图 5 – 24 中的 D2 单元格显示为文本，却作为汇率直接参与 D6 单元格的计算。实际上，从公式编辑栏可以看到，D2 单元格的内容并不是手动输入的文本，而是数值 0.868。这是"自定义数字格式"调整了 D2 单元格的显示方式。

单元格的自定义数字格式可以在"设置单元格格式"对话框中进行设置。

将光标放在 D2 单元格，按"Ctrl + 1"调出"设置单元格格式"对话框，切换到"数字"选项卡，在"分类"列表中选择"自定义"，在右侧"类型"框中即可设置相应的自定义数字格式。

图 5 – 24　自定义数字格式示例

如图 5 – 25 所示，本例中在"类型"框输入格式说明 "" 1 港元 = "0.000" 元人民币""。在此格式说明中，英文双引号表示显示双引号之间的文本，而 "0.000" 则表示将单元格数值显示为三位小数的数值格式。这样，D2 单元格就会显示为"1 港元 = 0.868 元人民币"。实际上 D2 单元格的内容并未改变，只是修改了其显示方式。设置自定义数字格式，可以让模型使用者对 D2 单元格的意义一目了然，而且不影响 D2 单元格作为数值参与运算。

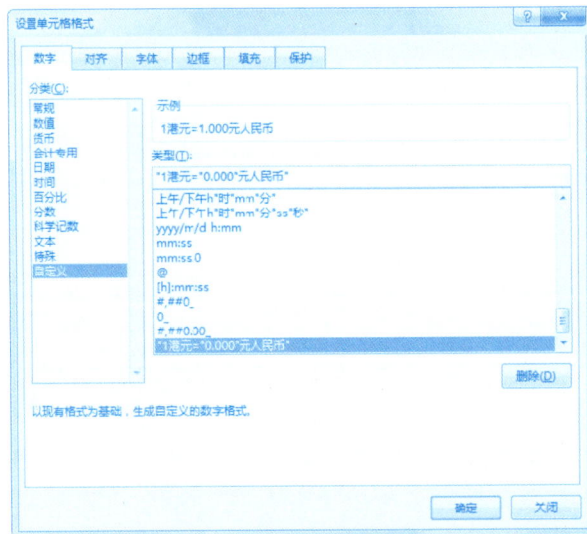

图 5 – 25　设置自定义数字格式

另外，通过自定义数字格式的设置，还可以使单元格的格式显示随单元格内容的变化而变化。比如当单元格的内容为正数、负数、零或文本时，单元格可以显示为不同格式。具体设置方法可以参考 Excel 自带的帮助文档。

5.8 条件格式

在财务建模中，有时需要对满足一定条件的单元格使用强调格式来突出显示，不是通过人工判断手动调整格式，而是让 Excel 根据单元格内容自动判断是否需要强调显示。这属于"条件格式"功能。

在 Excel 中，使用快捷键"Alt→O→D"可以调出"条件格式规则管理器"对话框，在对话框选择"新建规则"，则可以调出"新建格式规则"对话框，用户可以从中选择规则类型并编辑规则说明。除此之外，"开始"选项卡→"条件格式"（"样式"组）→"新建规则"，也可以调出"新建格式规则"对话框。

Alt → O → D

【例】如图 5 - 26 所示，将公司各年资产负债率与 C2 单元格给出的行业平均资产负债率（58%）进行比较，如果某年公司资产负债率大于行业平均值，则相应单元格显示浅色底色。要求在行业平均值或资产、负债数据发生变化的情况下，能自动判断需要强调显示的单元格并调整格式。

	A	B	C	D	E	F	G	H
1								
2	行业平均资产负债率		58.0%					
3								
4			Year 1	Year 2	Year 3	Year 4	Year 5	
5	负债合计		17,966.9	20,407.7	27,942.4	28,997.4	32,275.7	
6	资产合计		33,134.2	39,356.8	47,635.9	51,314.1	55,739.4	
7								
8	资产负债率		54.2%	51.9%	58.7%	56.5%	57.9%	
9			=C5/C6					
10								

图 5 - 26 条件格式应用示例

添加条件格式的步骤如下：

步骤一： 选中 C8:G8 区域，选择"开始"选项卡→"条件格式"（"样式"组），在其下拉列表中选择"新建规则"，调出"新建格式规则"对话框。

步骤二： 在"新建格式规则"对话框中，选择规则类型并编辑规则说明。本例选择的规则类型为"只为包含以下内容的单元格设置格式"。在"编辑规则说明"下编辑判断条件，本例的条件为"单元格值大于 C2 单元格的值"。最后一个条件" = \$C\$2"必须要使用绝对引用，因为需要将 C8：G8 区域中的每个单元格数值都和 C2 单元格中的行业平均值比较（见图 5 – 27）。

步骤三：设置完条件后，按下"Alt + F"或单击"格式"按钮打开设置格式的对话框，对单元格区域设置需要的格式，如本例中对符合判断条件的单元格添加浅色背景色。

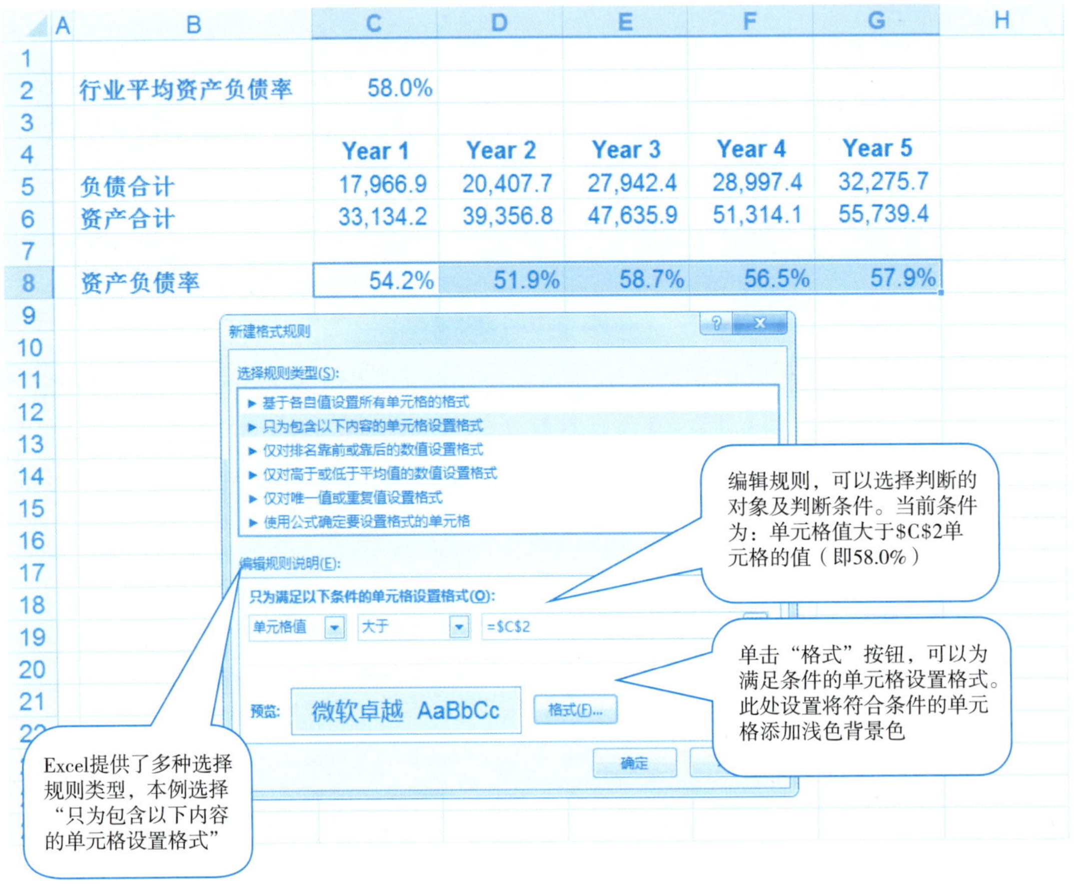

图 5 – 27　设置"条件格式"

步骤四：单击"确定"按钮确认。完成条件格式设置后，效果如图 5 – 28 所示。

Excel 将符合条件的单元格涂上浅色底色。在经过这样的格式设置后，如果数据发生了变化，例如，第 5 年预计资产合计下降为 54739.4 而负债不变，则第 5 年的资产负债率由 57.9% 变为 59.0%，超过了行业平均，G8 单元格会自动加上浅色底色（见图 5 – 29）。

	A	B	C	D	E	F	G	H
1								
2	行业平均资产负债率		58.0%					
3								
4			Year 1	Year 2	Year 3	Year 4	Year 5	
5	负债合计		17,966.9	20,407.7	27,942.4	28,997.4	32,275.7	
6	资产合计		33,134.2	39,356.8	47,635.9	51,314.1	55,739.4	
7								
8	资产负债率		54.2%	51.9%	58.7%	56.5%	57.9%	
9								
10								
11			第3年的资产负债率超过了行业平					
12			均水平，满足条件，故单元格填					
13			上了浅色背景色					
14								
15								

图 5 − 28　条件格式设置完成

	A	B	C	D	E	F	G	H
1								
2	行业平均资产负债率		58.0%					
3								
4			Year 1	Year 2	Year 3	Year 4	Year 5	
5	负债合计		17,966.9	20,407.7	27,942.4	28,997.4	32,275.7	
6	资产合计		33,134.2	39,356.8	47,635.9	51,314.1	54,739.4	
7								
8	资产负债率		54.2%	51.9%	58.7%	56.5%	59.0%	
9								
10								
11								
12			当第5年的"资产合计"改变后，Excel自动计算					
13			资产负债率并与设定的条件比较，满足条件则单					
14			元格条件格式生效					
15								

图 5 − 29　条件格式自动调整显示效果

提示：Excel 按照先后顺序测试条件，如果某单元格同时满足多个条件，则采用最前面的规则。Excel 提供多种条件格式规则类型，灵活运用可以增添模型的美观程度。

<table>
<tr><td></td><td></td><td>5.9</td><td></td><td></td><td>数据验证</td></tr>
</table>

在 Excel 中经常能看到如图 5 – 30 所示的下拉菜单的形式。这种形式既可以为用户提供选项，避免手动输入的麻烦；又可以限定该单元格允许输入的内容，达到建模者的特定目的。图 5 – 30 中，点击 C2 单元格右侧的下拉箭头，就可以在弹出的下拉菜单中选择相关选项。

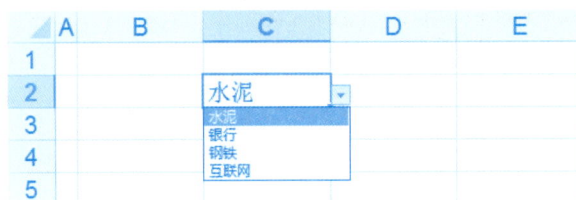

图 5 – 30　下拉菜单效果图

这类下拉菜单通常可与 CHOOSE 函数结合用于情景分析。在第 4 章介绍 CHOOSE 函数的例子中，模型用户在情景开关单元格手动输入情景编号，就可以查看当前情景所对应的收入增长率。此时可以为情景开关单元格设置下拉菜单，将用户可选择的情景编号限定为 1、2、3 三个数据。

下拉菜单是通过 Excel 的"数据验证"（某些版本曾使用过"有效性"的名称）功能实现的。

使用快捷键"Alt→D→L"可以打开"数据验证"对话框，也可以用鼠标依次选择"数据"选项卡→"数据验证"（"数据工具"组），就可以调出"数据验证"对话框（见图 5 – 31）。

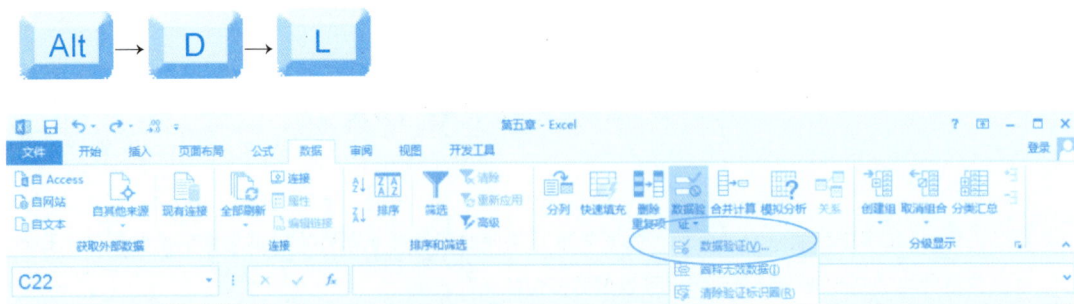

图 5 – 31　"数据"→"数据验证"

在"数据验证"对话框的"设置"选项卡中可以设置有效性条件。在"允许"栏选择

"序列"，在"来源"栏选择 B3：B5 区域，同时勾选右边两个复选框（"忽略空值"和"提供下拉箭头"，见图 5－32）。

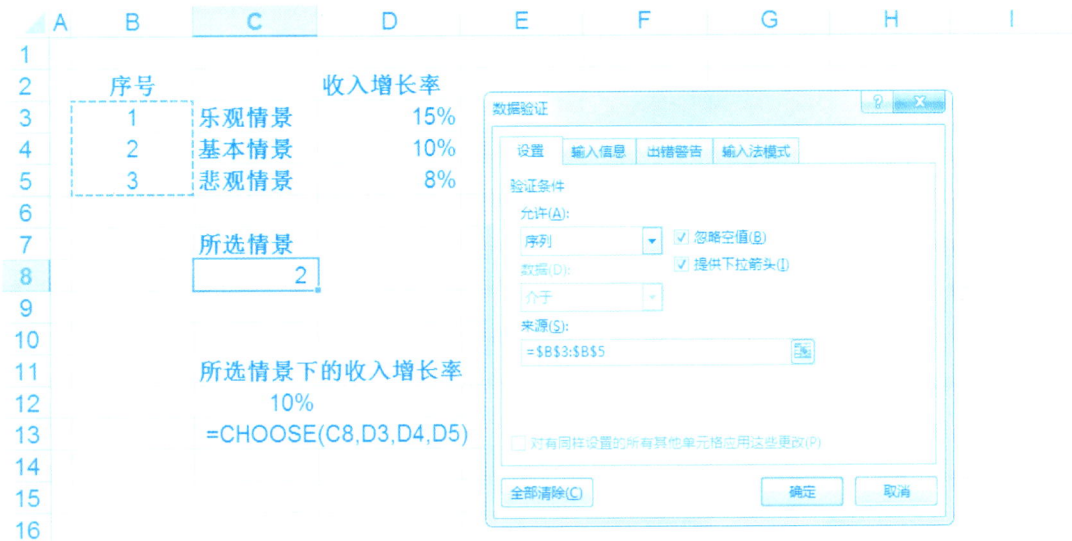

图 5－32 "数据验证"对话框

按 Enter 键后即实现下拉菜单效果，鼠标左键单击或用快捷键"Alt +↓"均可打开下拉菜单，如图 5－33 所示。

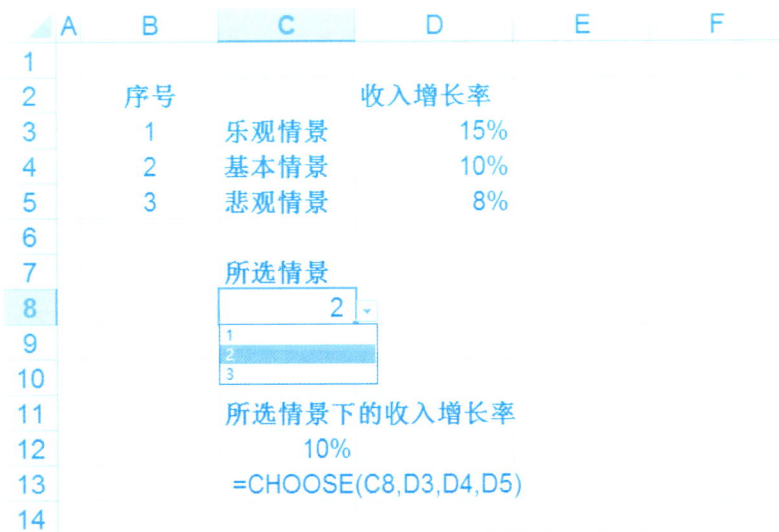

图 5－33 带下拉菜单的情景分析示例

若要取消数据验证设置，可选择相应单元格或区域，然后打开"数据验证"对话框，点击左下角的"全部清除"按钮。

5.10　　　　　　　　　　　　　　　　　　　　　**重复操作**

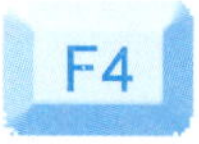

F4

F4 键可以实现重复上一次操作的功能（当单元格处在输入或编辑状态时，F4 键功能为改变单元格引用状态，见第 2 章），比如需要在工作表插入多行，则只需要先插入一行，之后就可以用 F4 键重复进行插入行操作。下面就是一个用 F4 键实现重复插入行操作的示例。灵活运用 F4 功能键重复上次操作，可以有效提供建模效率。

【例】在图 5 - 34 中的税前利润、所得税和净利润之间各插入一行。

图 5 - 34　用 F4 键重复上一次操作——插入行示例

步骤一：如图 5 - 35 所示，将光标放到所得税所在行的 C4 单元格，在"开始"选项卡下的"单元格"组中，依次选择"插入"→"插入工作表行"，则可以在税前利润和所得税之间插入一空行。也可以依次按下"Alt→I→R"实现此功能。

图 5 - 35　用 F4 键重复上一次操作——插入行示例步骤一

步骤二：如图 5 - 36 所示，把光标放到净利润所在行的 C6 单元格，按一下 F4 键，则重复上一次的插入行操作，在"所得税"和"净利润"之间插入一行。

图 5 – 36　用 F4 键重复上一次操作——插入行示例步骤二

> 提示：F4 键只能重复上一次操作，而不能重复上一次之前的操作。因此上例插入一行后，若进行了其他操作（如删除单元格内容等），再使用 F4 键就不能重复插入行的操作。
>
> 苹果 Mac 系统 Excel 重复上一次操作的快捷键为"Command + Y"。

5.11　迭代计算/循环引用

如果用户在 Excel 模型中看到如图 5 – 37 所示的对话框，则表示模型中存在循环引用的情况。

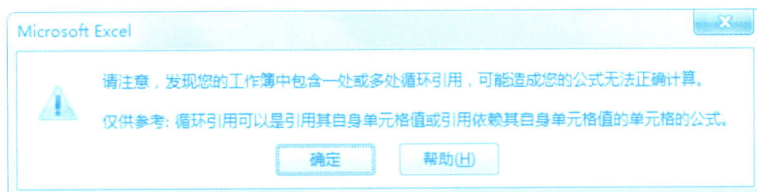

图 5 – 37　循环引用提示框

循环引用是指某一单元格公式直接或间接引用到了自身的结果。

如图 5 – 38 所示，B4 单元格对自己进行了加总，形成了一个无法得到正确结果（不收敛）的循环。

图 5 – 38 中的例子是一个不收敛的循环引用，再看下面这个例子（见图 5 – 39）。

图 5 – 39 中的例子同样是一个循环引用，但可以达到稳定收敛状态。举例来说，B2 单元格增加 1，则 B3 单元格增加 6%，B4 单元格增加 6%，绕回 B2 单元格再增加 6%，造成

图 5 – 38　错误（不收敛）的循环引用

图 5 – 39　可以达到稳定状态的循环引用

B3 单元格再增加 0.36% 。也就是说，收敛循环的增加量会越来越小，最终可以忽略不计，达到稳定状态。

对于可以达到稳定状态的循环，可以利用 Excel 自身的"迭代计算"功能让 Excel 反复运算，得出一个稳定的结果。Excel 的迭代计算功能，可以在 Excel "选项"对话框中进行设置。设置方法如下：

按下"Alt→T→O"则可以调出"Excel 选项"对话框，切换至"公式"类别，在"公式"类别中"计算选项"下，把"启用迭代计算"选项勾选上（见图 5 – 40）。

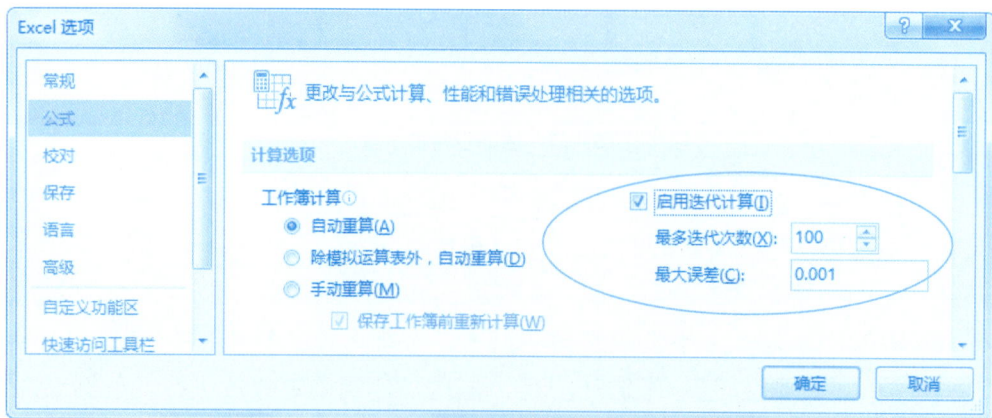

图 5 – 40　"Excel 选项"对话框→"启用迭代计算"

"最多迭代次数"和"最大误差"用于设置迭代计算的精度。当迭代运算次数超过"最多迭代次数"设置的次数，或是两次相邻运算得到的数值变化小于"最大误差"设置的值时，Excel 就会停止运算。

对于财务模型来说，最多迭代次数设置为 100 次、最大误差设置为 0.001，计算结果就足够精确了。如果迭代次数太多，最大误差太小，Excel 可能需要计算很长时间。

5.12 公式检查

一个完整的模型通常都包含了大量的计算公式和复杂的勾稽关系，如何能够快速查找出模型在计算公式上可能出现的错误呢？Excel 提供了检查公式及公式中单元格引用的强大功能，建模中主要用到的方法有：快捷键"Ctrl + 〔"和"公式审核"功能。

1. 快捷键"Ctrl + 〔"

快速查找所选单元格公式中所引用的第一个单元格的快捷键为：

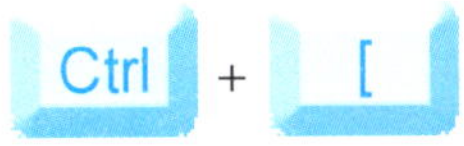

将光标移动到需要检查的单元格，按下"Ctrl + 〔"，光标会自动跳转到公式所引用的第一个单元格。

如图 5 – 41 所示，在计算"所得税"时，IS 表 D10 公式中所引用的第一个单元格为 Input 表中的 D6 单元格。将光标移动到 D10 单元格，按下"Ctrl + 〔"，光标就会跳转到公式中首个引用单元格，即 Input 表 D6 单元格，如图 5 – 42 所示。

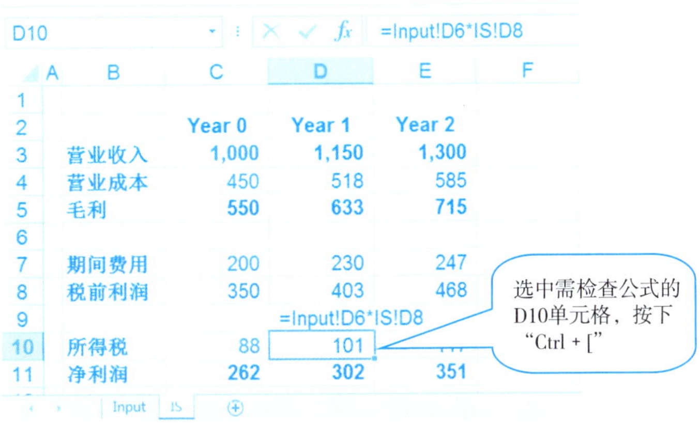

图 5 – 41 使用"Ctrl + 〔"查看公式（1）

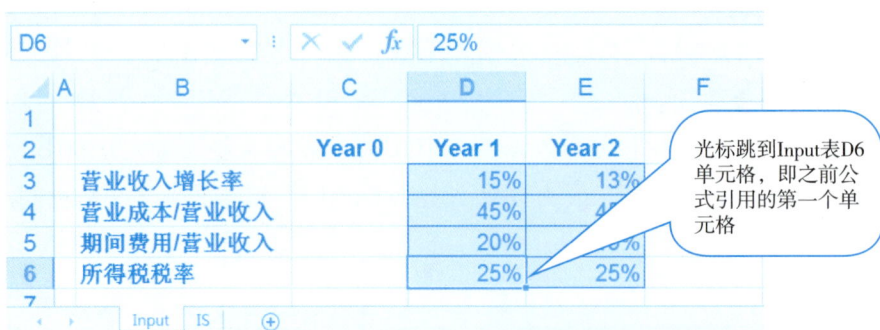

图 5 – 42　使用"Ctrl + ["查看公式（2）

> 提示：由于"Ctrl + ［"快捷键只能检查公式中第一个引用单元格，所以在建模时，习惯上将引用的表外单元格放在公式的第一个引用位置，方便快速地跨表查找。

查看了引用位置后，通常需要返回到原单元格。要快速返回，可以使用"定位"功能。如本例中，按下"Ctrl + G"后，打开"定位"对话框。其中"引用位置"自动给出之前光标所在的位置：IS 表的 D10 单元格，直接按 Enter 键确认即可使光标回到该单元格（见图 5 – 43）。

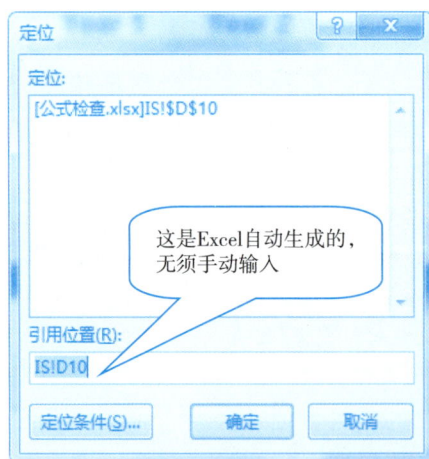

图 5 – 43　用"Ctrl + G"返回光标位置

2. 公式审核

对于复杂公式，可以使用 Excel 提供的"公式审核"功能帮助检查公式。"公式审核"功能位于"公式"选项卡下（见图 5 – 44）。

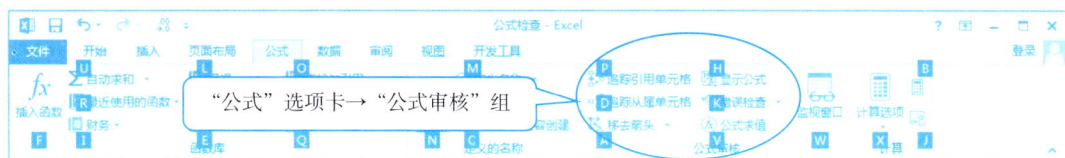

图 5 – 44 "公式"选项卡→"公式审核"组

"追踪引用单元格"可以提示所在单元格公式引用了哪些单元格，并对表内和表外单元格以不同方式表示引用关系。

"追踪引用单元格"的快捷键为：

使用"追踪引用单元格"后，会出现指向所审查单元格的箭头。蓝色实线箭头表示引用的是表内单元格，黑色虚线箭头表示引用的是表外单元格。如图 5 – 45 所示 D7 单元格分别引用了当前 IS 工作表的 D3 单元格和 Input 表中的 D5 单元格。

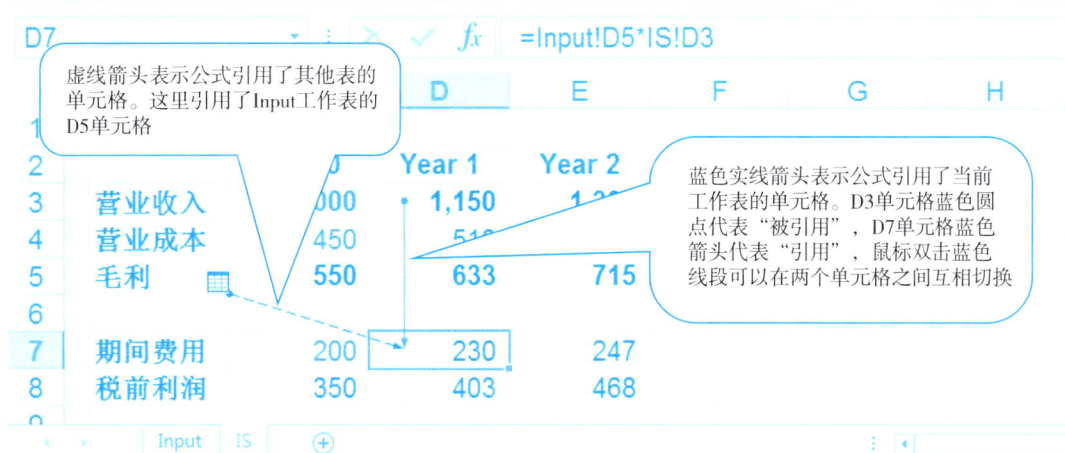

图 5 – 45 公式审核——追踪引用单元格

如果引用的是表内单元格，左键双击箭头线段部分即可跳转到所引用的单元格（图5 – 45 中的 D3 单元格），再次双击箭头线段部分可以回到初始单元格（图 5 – 45 中的 D7 单元格）。

如果引用的是表外单元格，双击黑色虚线箭头后会弹出"定位"对话框，如图 5 – 46 所示。对话框中显示所有的表外引用单元格，双击需要查看的引用单元格，即可迅速跳转到该单元格。

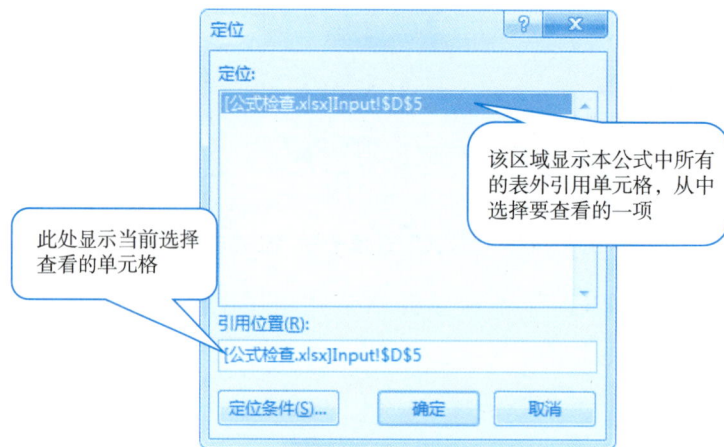

该区域显示本公式中所有的表外引用单元格，从中选择要查看的一项

此处显示当前选择查看的单元格

图 5 - 46　"定位"对话框

查看单元格后，同样可以借助"**Ctrl + G**"键打开"定位"对话框，然后按 Enter 键返回原单元格。

"公式审核"组除了"追踪引用单元格"功能外，还可以追踪哪些单元格引用了当前审核的单元格，也就是"追踪从属单元格"功能。快捷键为：

"追踪从属单元格"功能在修改模型时经常使用。如果要删除某单元格，需要先确认有哪些单元格引用了该单元格，对这些引用单元格的公式进行修改之后才能删除该单元格。

完成公式审核后，为了保持模型界面的整洁，可以取消所有追踪箭头，快捷键为：

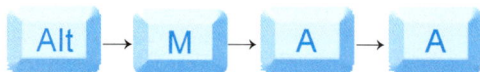

5.13　　　　　　　　　　　　　　　　　　　　　　　　　　　　　超链接

如果一个 Excel 工作簿有几十张工作表，或者一张工作表由几百行组成，快速找到所需内容是一个不小的挑战。此时可建立超链接，通过单击链接快速切换到所链接的位置。

超链接可以链接到工作簿内部，也可以链接到外部数据源。下面以在财务模型中建立目录为例介绍超链接的使用方法。

步骤一：选择 D6 单元格作为需要建立超链接的单元格，调出"插入超链接"对话框。调出"插入超链接"对话框有三种方法：

（1）使用快捷键：

Ctrl + K

（2）在"插入"选项卡下的"链接"组中，单击"超链接"按钮。

（3）鼠标右键单击该单元格后在弹出菜单中选择"超链接"。

步骤二：在"插入超链接"对话框中，可以设置链接到的目标位置，以及超链接的文字显示。本例中，在"链接到"一栏选择"本文档中的位置"，然后选择"Historical"工作表，并在"请键入单元格引用"栏输入"A1"，表示"链接到 Historical 表中的 A1 单元格"。"要显示的文字"即是建立超链接的单元格（D6 单元格）所显示的文字，本例中输入"历史财务数据"（见图 5 - 47）。

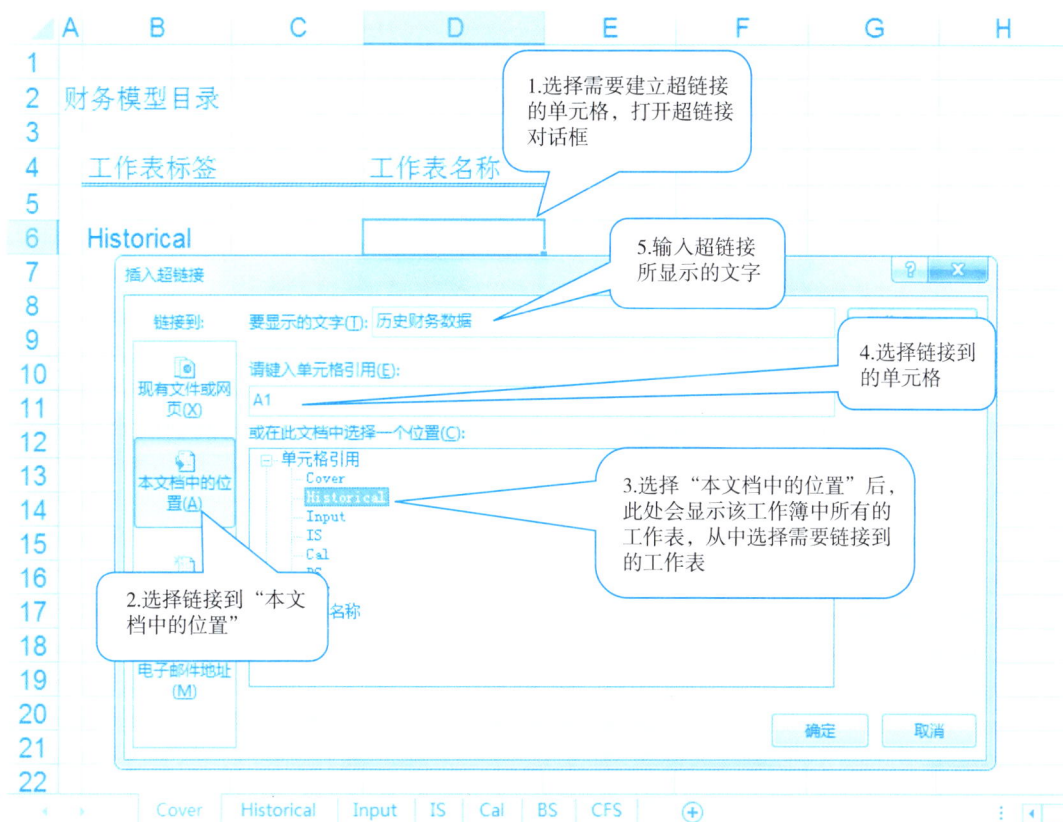

图 5 - 47 插入超链接的设置

步骤三：单击"确定"后生成如图 5 - 48 所示界面。

重复上面的操作，在目录页上添加链接到其他工作表的超链接，则可以制作得到该财务模型的目录，单击目录中工作表名称就可以直接跳转到相应工作表的 A1 单元格。

图5-48 插入超链接后

用类似的方法，用户还可以在每张工作表的 A2 单元格设置返回目录的超链接。

5.14　组合行列

对行（列）进行隐藏后，要查看隐藏数据时需要进行"取消隐藏"的操作，查看完后可能还需要再次进行"隐藏"操作，操作起来比较烦琐。同时，隐藏行列虽然简化了工作表，但不能很好地反映不同层级内容之间的关系。Excel 提供了"组合"功能，可以在视觉上隐藏行列数据，还可以方便地展现和再次隐藏相关的内容，同时也能较清晰地反映数据之间的层级关系。

【例】在图5-49的工作表中列示了某公司近3年各月份的营业收入数据，并分别统计了各季度和年度的营业收入合计。如果用户希望只显示季度数据或年度数据，同时也能在需要时快速查看详细月份营业收入，则可以采用 Excel 提供的组合行列功能。

步骤一：组合1月份、2月份、3月份的营业收入数据。

首先选中 B4：B6 区域，可以在"数据"选项卡下的"分级显示"组中选择"创建组"。

另外，也可以使用调出"创建组"对话框的快捷键：

Alt + Shift + →

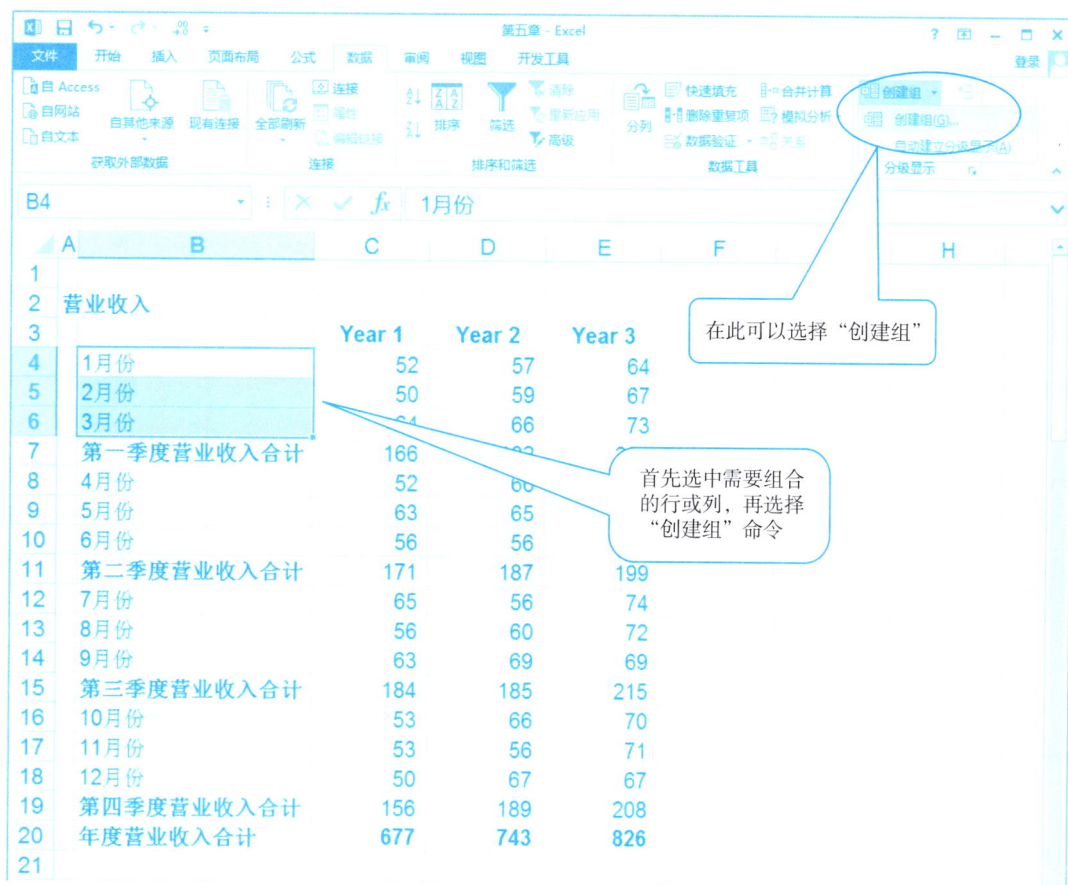

图 5 – 49　组合行列

步骤二：在弹出的"创建组"对话框中选择"行"（如果对列进行行组合则选择"列"），就对各年第一季度的月份数据进行了组合（见图 5 – 50）。

图 5 – 50　"创建组"对话框

步骤三： 依次对 B8：B10、B12：B14 和 B16：B18 区域重复步骤二中的操作（可以在选中不同季度对应区域后按 F4 键进行重复操作），对每个季度下的月份数据进行组合。组合后的界面如图 5-51 所示。

	A	B	C	D	E	F	G	H
1								
2	营业收入							
3			Year 1	Year 2	Year 3			
4		1月份	57	60	64			
5		2月份	55	64	60			
6		3月份	53	64	60			
7		第一季度营业收入合计	165	188	184			
8		4月份	64	60	61			
9		5月份	58	69	67			
10		6月份	51	60	64			
11		第二季度营业收入合计	173	189	192			
12		7月份	63	66	70			
13		8月份	58	56	62			
14		9月份	58	61	71			
15		第三季度营业收入合计	179	183	203			
16		10月份						
17		11月份	58	70	64			
18		12月份	58	58	65			
19		第四季度营业收入合计	174	187	193			
20		年度营业收入合计	691	747	772			
21								

> 组合行后，行标题外侧出现方括号，点击其下端的减号可以将该组合的行折叠

图 5-51　组合月份数据

> 提示：注意添加的纵向折叠按钮，是出现在选中区域的下方一行。比如对 B4：B6 组合，在第 7 行出现折叠按钮。

步骤四： 在图 5-51 所示工作表中选中 B4：B19 区域，按 F4 键重复组合操作，将所有营业收入进行组合（第二层组合），如图 5-52 所示。

图 5-52 中的工作表经过组合，形成了 3 个层级（行标题左侧上方可以看见对应层级按钮），行标题外侧方括号下端的减号表示当前处于展开状态。用户可以点击对应层级的 1、2、3 按钮或者方括号下端的减号来隐藏对应的数据。图 5-52 所示工作表中，数据处于全部展开状态，同时显示年度营业收入合计、季度营业收入合计以及每月营业收入的数据。

若希望只显示季度和年度营业收入，可单击按钮"2"，或者逐个点击按钮下方的四个减号，折叠后的效果如图 5-53 所示。

		Year 1	Year 2	Year 3		
1						
2	营业收入					
3		Year 1	Year 2	Year 3		
4	1月份	57	60	64		
5	2月份	55	64	60		
6	3月份	53	64	60		
7	第一季度营业收入合计	165	188	184		
8	4月份	64	60	61		
9	5月份	58	69	67		
10	6月份	51	60	64		
11	第二季度营业收入合计	173	189	192		
12	7月份	63	66	70		
13	8月份	58	56	62		
14	9月份	58	61	71		
15	第三季度营业收入合计	179	183	203		
16	10月份	58	59	64		
17	11月份	58	70	64		
18	12月份	58	58	65		
19	第四季度营业收入合计	174	187	193		
20	年度营业收入合计	691	747	772		
21						

图 5 – 52　组合季度数据

		Year 1	Year 2		
7	第一季度营业收入合计	165	188		
11	第二季度营业收入合计	173	189		
15	第三季度营业收入合计	179	183	203	
19	第四季度营业收入合计	174	187	193	
20	年度营业收入合计	691	747	772	

> 单击按钮"2"，可以显示至第2层级，如图所示，只显示了年度营业收入合计和季度营业收入合计的数据

> 单击方括号下端的减号可变为折叠状态，方括号收起，减号变为加号。此时第1层级状态为展开，第2层级状态为折叠

图 5 – 53　只显示季度和年度营业收入合计

单击按钮"1"，可以只显示年度营业收入合计数据，如图 5 – 54 所示。

如果要使行标题外侧的方括号隐藏，或者使其从隐藏状态下重新显示，可以用快捷键：

Ctrl + 8

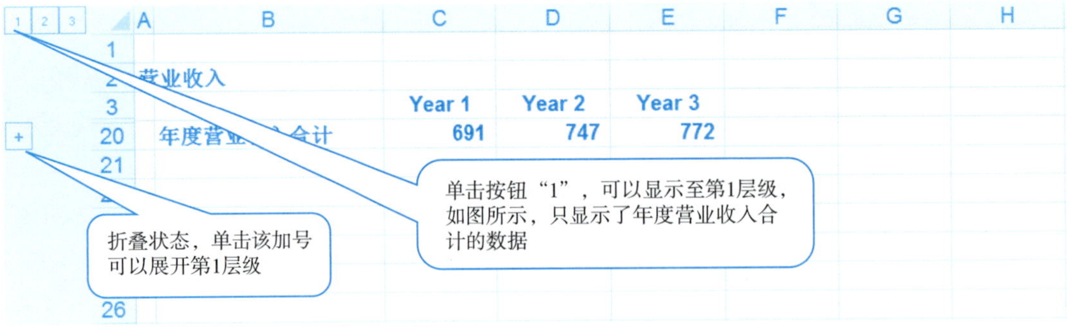

图5-54 只显示年度营业收入合计

如果需要取消组合，可按照如下步骤操作：

（1）展开方括号，并选中需要取消组合的所有行或列。

（2）调出"取消组合"对话框，根据需要选择"行"或者"列"取消组合。选择"数据"选项卡→"取消组合"（"分级显示"组），可以调出"取消组合"对话框。

另外，调出"取消组合"的对话框，也可以使用快捷键：

5.15 冻结窗格

财务模型中，工作表内常含有标题行或标题列作为数据的标识。如果数据很多，在单元格之间移动光标或拖动滚动条时就可能不能同时看到数据和数据所属的标题。这时可以用"冻结窗格"的功能，使标题行或标题列保持始终可见。

如图5-55所示，前3行和左边2列是标题区域。在当前视图下，页面只能显示到第18行和第H列。如果翻阅查看第18行以下和第H列右侧的数据，就看不到数据所对应的年份或科目。

要实现在浏览过程中始终显示数据的行、列标题（如本例中的科目名称及年份），可以使用"冻结窗格"功能。

在本例中，将光标放在C4单元格。依次选择"视图"选项卡→"冻结窗格"（"窗口"组）→"冻结拆分窗格"。设置冻结窗格后，第4行上方及C列左侧各出现一条实线，表明了当前的冻结状态（见图5-56）。此时，在向下或向右翻阅的过程中，依然能够显示第3行和B列，使用户随时能够了解数据对应的年份和科目。也可以使用快捷键：

	A	B	C	D	E	F	G	H
1	零售公司 Retail Company							
2	汇总表 Summary							
3	单位：百万人民币（特殊说明除外）		Year1 A	Year2 A	Year3 A	Year4 A	Year5 E	Year6 E
4	关键数字							
5	自有连锁店销售面积（千平方米）		15.1	99.9	218.6	218.6	218.6	238.6
6	总销售面积（千平方米）		1,422.2	2,642.1	3,462.0	3,992.6	4,842.6	5,662.6
7	销售收入		24,926.0	38,676.5	48,311.0	57,037.1	72,783.5	89,583.7
8	营业收入		26,161.3	40,152.4	49,896.7	58,300.1	74,311.9	91,375.3
9	EBITDA		1,381.3	2,390.1	3,173.3	4,199.2	5,563.5	7,047.2
10	EBIT		1,172.8	2,172.1	2,793.5	3,738.4	5,227.7	6,692.5
11	净利润		797.5	1,523.2	2,259.9	2,988.5	4,079.8	5,225.8
12								
13	融资缺口		0.0	0.0	0.0	0.0	0.0	0.0
14	债务合计		276.0	140.0	156.0	0.0	0.0	0.0
15	股东权益合计		3,293.8	4,827.9	9,112.3	14,925.0	18,658.0	23,330.9
16	投入资本（IC）		3,569.8	4,967.9	9,268.3	14,925.0	18,658.0	23,330.9
17	负债合计		5,535.3	11,401.8	12,506.2	20,914.8	26,326.0	32,327.2
18	资产总计		8,829.0	16,229.7	21,618.5	35,839.8	44,984.0	55,658.1

前3行是标题行

A、B列是标题列

◂ ... | IS | Cals | BS | CFS | Summary | DCF | ⊕

图 5－55 冻结窗格前

Alt → W → F → F

	A	B	G	H	I	J	K	L
1	零售公司 Retail Company							
2	汇总表 Summary							
3	单位：百万人民币（特殊说明除外）		Year5 E	Year6 E	Year7 E	Year8 E	Year9 E	Year10 E
28	EBIT增长率		39.8%	28.0%	23.1%	16.9%	14.5%	13.2%
29	净利润增长率		36.5%	28.1%	23.2%	17.1%	14.8%	13.5%
30								
31	盈利性指标							
32	销售毛利率		15.3%		15.5%	15.5%	15.5%	15.5%
33	EBITDA利润率		7.5%		7.9%	7.9%	8.0%	8.0%
34	EBIT利润率		7.0%	7.3%	7.6%	7.7%	7.8%	7.9%
35	净利润率		5.5%	5.7%	5.9%	6.0%	6.1%	6.2%
36								
37	净资产收益率（ROE）		24.3%	24.9%	24.7%	23.6%	22.5%	21.6%
38	总资产收益率（ROA）		10.1%	10.4%	10.5%	10.3%	10.1%	10.0%
39	投入资本回报率（ROIC）		23.7%	24.2%	24.0%	22.9%	21.8%	20.9%
40								
41	流动性指标							

冻结线

图 5－56 冻结窗格后

如果只需要某行或某列始终保持可见，可以只冻结行或者只冻结列。方法是将光标先定位在该行下方或该列右侧的第一个单元格（即如果要冻结前 3 行，光标应放置在 A4 单元格，如果要冻结左边 3 列，光标应放置在 D1 单元格），然后执行冻结窗格操作。

5.16   多工作簿操作

实际工作中，很多时候需要对比两张或者多张 Excel 表格（在同一个文件中或者不在同一文件中）。掌握下列方法会有助于提高工作效率。

1. 切换不同工作簿或者不同文件

快速依次切换 Excel 中的不同文件，可以使用快捷键：

Ctrl + **Tab**

若依次切换系统已打开的所有文件（已经打开的窗口），则可以使用快捷键（见图 5 – 57）：

Alt + **Tab**

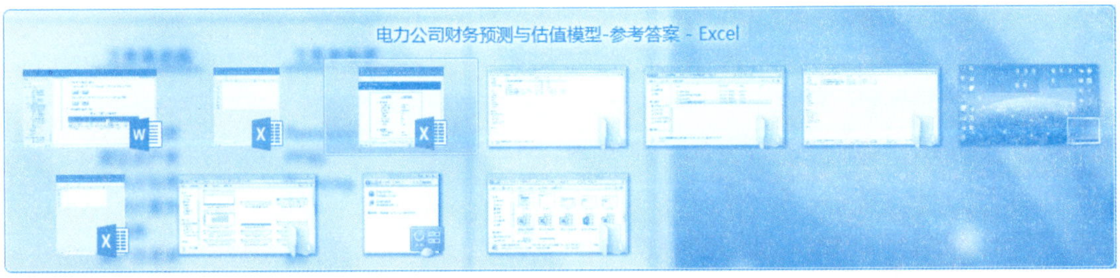

图 5 – 57   "Alt + Tab" 切换文件

2. 并排查看两个或多个工作簿

选择"视图"选项卡中的"全部重排"，在弹出的"重排窗口"对话框中选择排列方式（见图 5 – 58、图 5 – 59），比如选择"水平并排"。效果如图 5 – 60 所示。

选中打开的工作簿，使用"Win + ←"可以使当前工作簿缩放至左半边屏幕，使用"Win + →"可以使当前工作簿缩放至右半边屏幕，使用完效果如图 5 – 61 所示，相当于使用了"垂直并排"，但此方法不限于 Excel 软件，其他软件也同样适用。

图 5 – 58 "视图"→"全部重排"

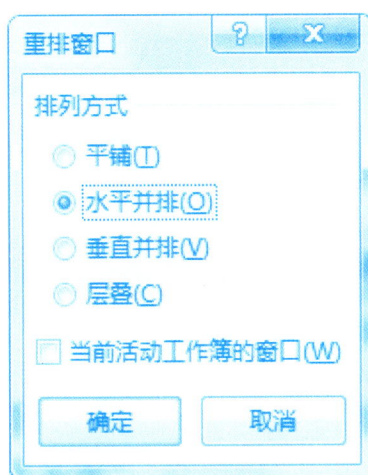

图 5 – 59 "重排窗口"

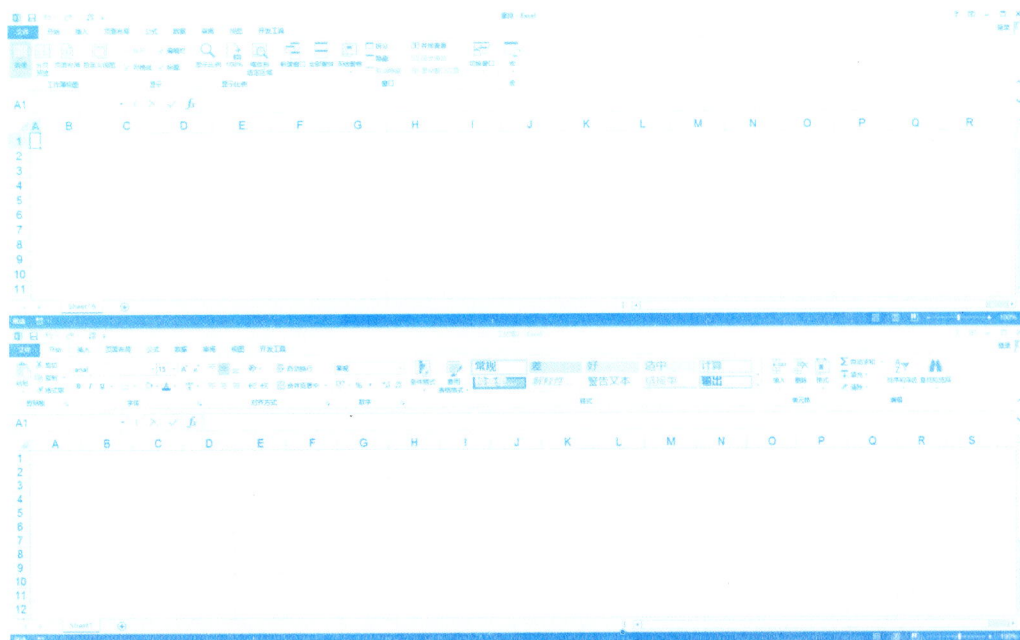

图 5 – 60 "水平并排"效果

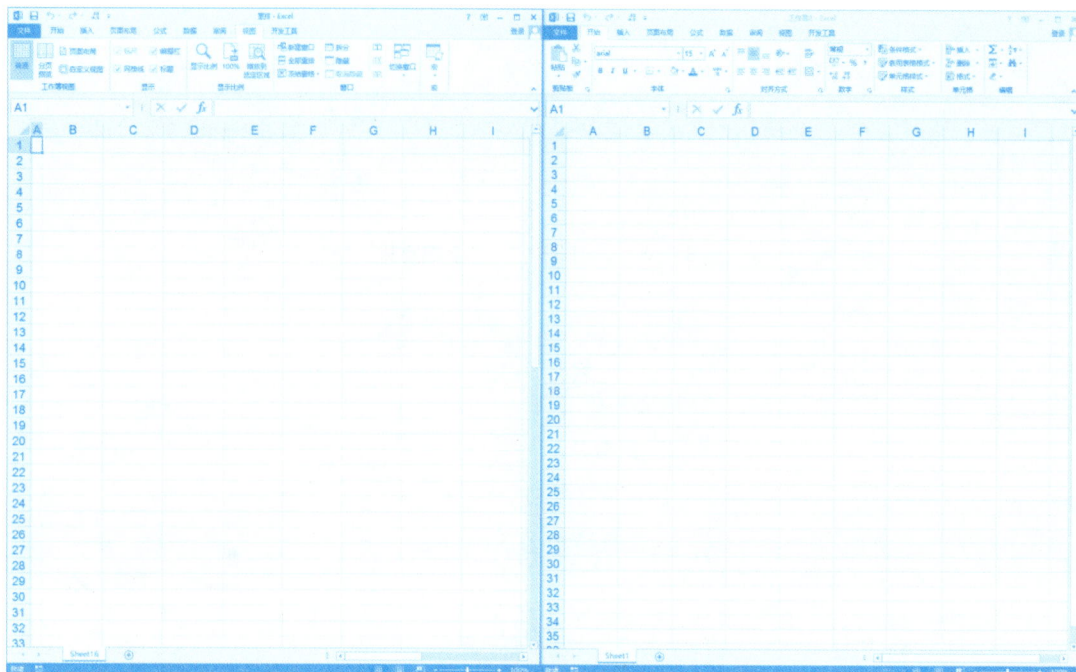

图 5 – 61　左右分屏重排

3. 将一个文件分成两个文件窗口进行查看使用

有时候工作中需要同时对比一个工作簿不同工作表的内容，或者对比一张工作表不同部分的内容，后者可以借助冻结窗格或拆分窗格来简单实现。前者可以借助"视图"选项卡中的"新建窗口"功能解决问题（见图 5 – 62）。

"新建窗口"功能可以将一个工作簿文件，变成两个或多个相同的但可以单独使用的文件窗口。

图 5 – 62　"视图"→"新建窗口"

可以观察分屏后两个文件的标题栏（见图 5 – 63）。分别是"重排：1"及"重排：2"，即都为"重排"这个文件，但可以分别在两个文件中进行操作，可以进行对比分析和参照，提高工作效率。

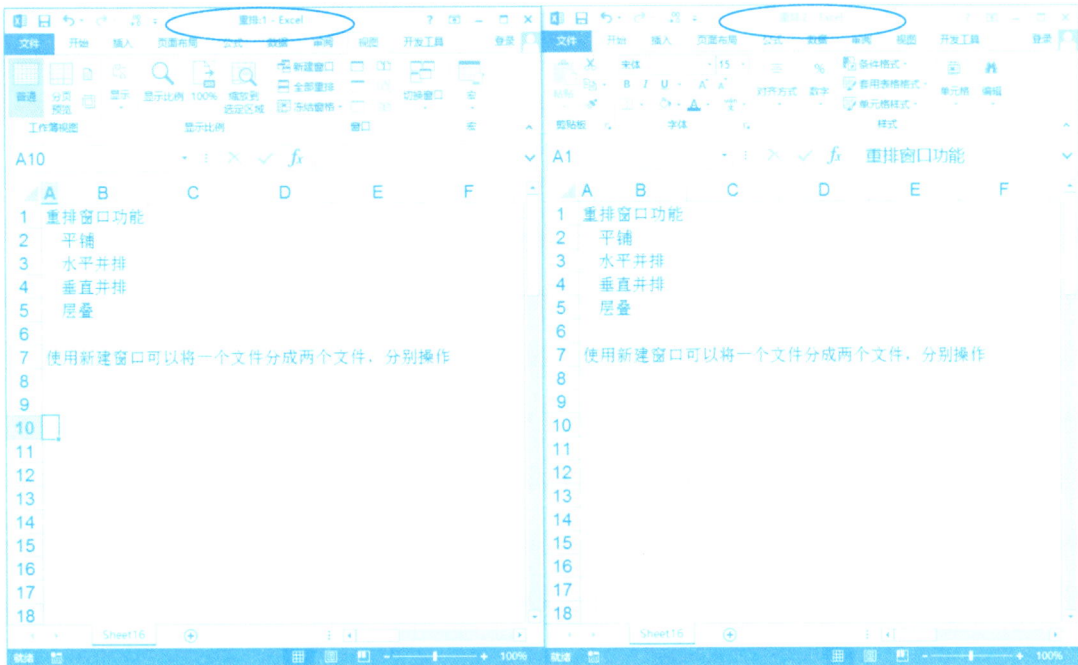

图 5 - 63 将文件分成两个相同但可单独使用的文件

5.17 工作组

如果同时选中了多张工作表，则这些被选中的工作表构成一个工作组。

选择多张相邻工作表：先选中第一张工作表的标签，再按住 Shift 键用鼠标单击需选取的最后一张工作表的标签。也可用第 2 章提到的翻页快捷键配合 Shift 键，即选中第一张工作表，按住"Ctrl + Shift"，并连续按下"PgUp"或"PgDn"键至需选取的最后一张工作表。

选择不相邻工作表：单击第一张工作表的标签，再按住 Ctrl 键单击其他工作表的标签。选择不相邻工作表时，使用鼠标操作更为方便。

在工作组中任一工作表内进行操作，会对工作组中所有工作表的相同位置进行相同的操作。这一特点在批量修改内容时非常有用，在工作组状态下在一张工作表中修改某行高或某列宽，就同时修改了工作组中其他工作表相同位置的行高或列宽。如在图 5 - 64 中 Sheet1 和 Sheet2 为一个工作组，此时若在 Sheet1 中修改 A 列的列宽，则会同时修改 Sheet2 中 A 列的列宽。

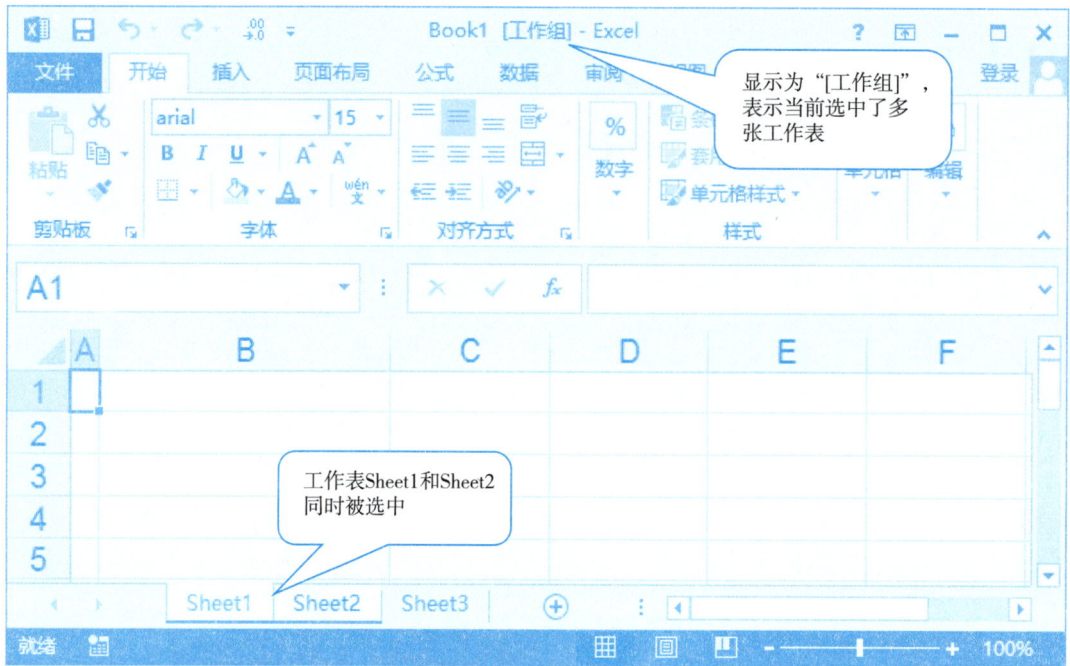

图 5 – 64　工作组

在不需要进行工作组操作时，应立即取消工作组状态，以避免在某张工作表中的操作影响到其他工作表。取消工作组的方法包括：

（1）选中或单击工作簿中任意一张不属于工作组的工作表标签（比如点击图 5 – 64 中的 Sheet3 工作表）。若该工作簿中所有工作表均属于工作组，则单击任一工作表标签均可取消工作组状态。

（2）鼠标右键单击工作组中的某张工作表标签，在弹出的快捷菜单中选择"取消组合工作表"。

> 提示：工作组状态会同时修改工作组中所有工作表，使用时须特别谨慎，避免误操作！

5.18　Excel 打印

1. 页面设置

用户可以对 Excel 文件进行打印。在进行财务建模时，Excel 工作表篇幅通常较大，在打印之前需要对页面进行设置，以达到最佳打印效果。

通常通过"页面设置"对话框进行设置。在"页面布局"选项卡下的"页面设置"组中，可以对打印页面进行设置，包括"页边距""纸张方向""纸张大小"等。点击"页面设置"组右下角的箭头，则可以调出"页面设置"对话框，对打印页面进行全面设置（见图5－65）。

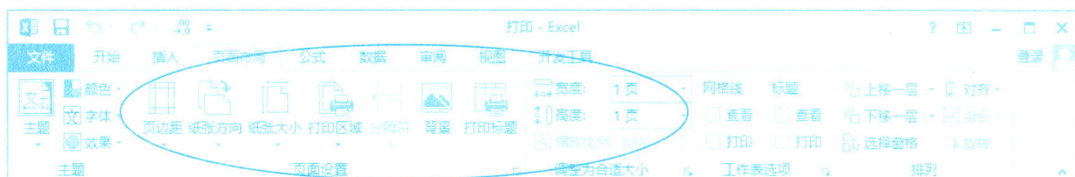

图5－65　"页面布局"选项卡

"页面设置"对话框包括"页面"、"页边距"、"页眉/页脚"和"工作表"四个选项卡。

（1）"页面"选项卡

"页面"选项卡主要是对打印进行整体设置（见图5－66）。

方向：选择将 Excel 打印为纵向或横向，一般来说，如果打印区域较窄，则设置为"纵向"。

缩放：通常通过"缩放比例"设置缩放的比例，此外，也可以通过"调整为"来直接限制文件页数。如果希望将打印页面缩放到一页，则可以通过在"调整为"下设置为"1页宽""1页高"来快速实现。

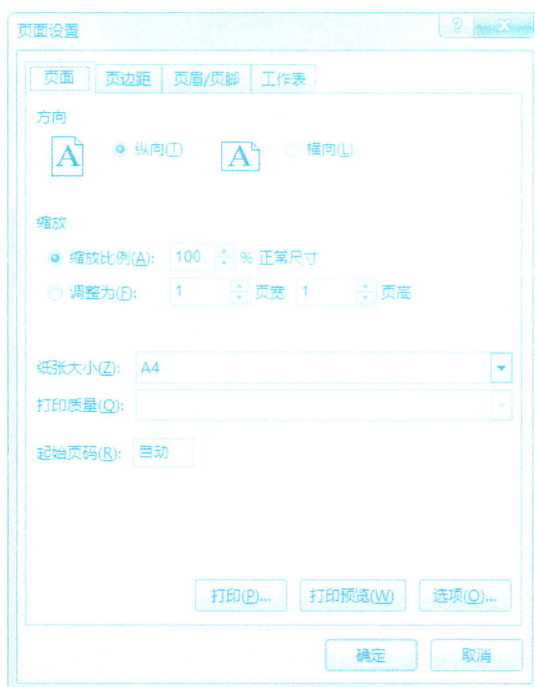

图5－66　"页面设置"→"页面"选项卡

（2）"页边距"选项卡

"页边距"选项卡调整打印界面的位置及占纸张的大小。如果设置有页眉、页脚，还可以设置页眉、页脚的位置。一般来说，页眉、页脚与纸张边界的距离应该小于相应的页边距，否则可能与打印的内容重叠（见图5－67）。

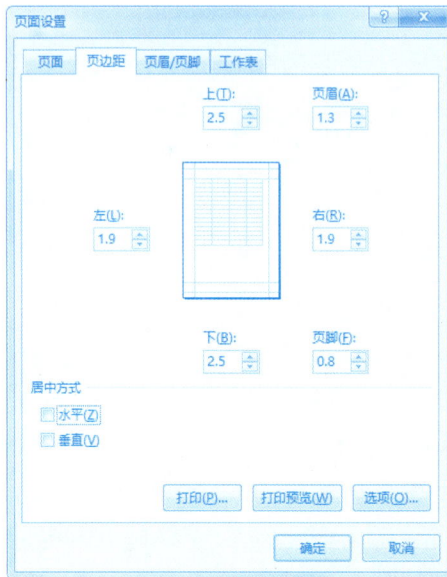

图5－67 "页面设置"→"页边距"选项卡

（3）"页眉/页脚"选项卡

"页眉/页脚"选项卡可以设置打印页面的页眉和页脚（见图5－68）。

图5－68 "页面设置"→"页眉/页脚"选项卡

财务建模中常用的页眉/页脚设置内容有文件名、表名、建模者、时间和文件位置等。

（4）"工作表"选项卡

"工作表"选项卡对打印的具体内容进行设置（见图5-69）。

打印区域： 在"打印区域"一栏中可以选择需要打印的区域，如果设置为空，则默认打印整个工作表中的非空区域。

打印标题： 一般来说，如果工作表打印区域较大，用户会希望一些描述性的行或列（如年份或会计科目名称）能够在每一张打印页面都出现，这可以通过"打印标题"进行设置。只需要激活相应文本框，并选择工作表中相应的行或列即可。

打印： 在"打印"一栏中，可以选择打印页面是否显示网格线、行号列标和批注等。

图5-69 "页面设置"→"工作表"选项卡

【例】 对图5-70所示的Excel工作表进行页面设置，要求：（1）横向打印，打印后每张工作表（由于页面较长，66行，分两页打印）都有2~6行（3、5行是隐藏状态）；（2）显示行号列标；（3）不显示网格线。

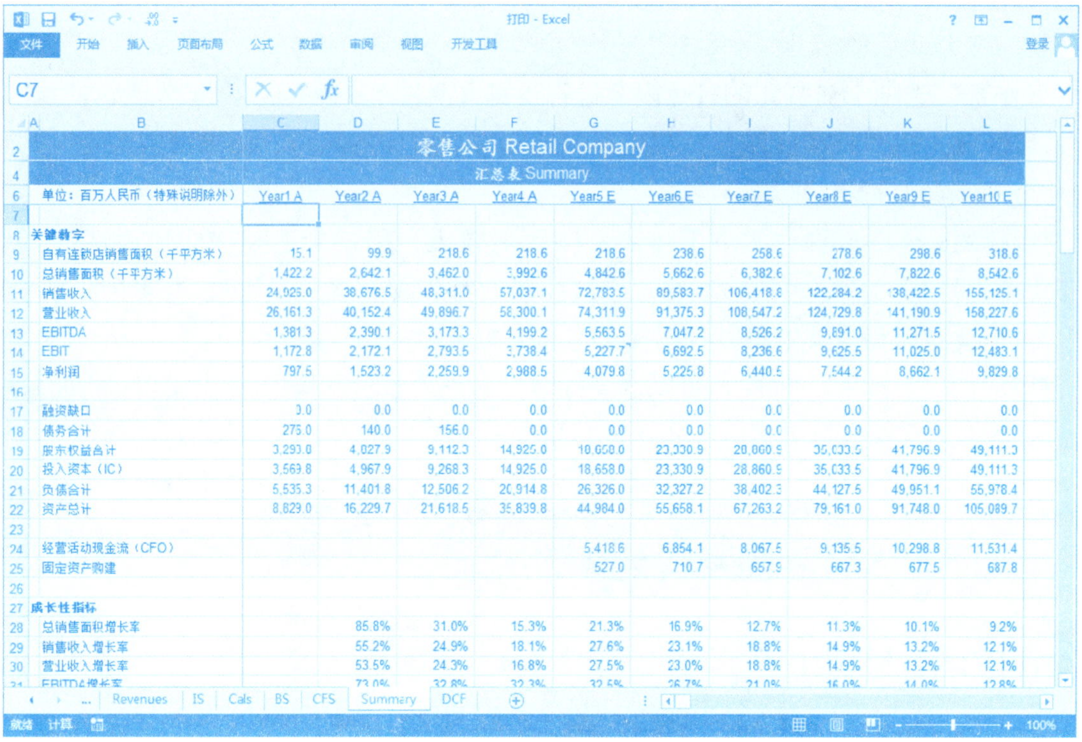

	零售公司 Retail Company 汇总表 Summary									
单位：百万人民币（特殊说明除外）	Year1 A	Year2 A	Year3 A	Year4 A	Year5 E	Year6 E	Year7 E	Year8 E	Year9 E	Year10 E
关键数字										
自有连锁店销售面积（千平方米）	15.1	99.9	218.6	218.6	218.6	238.6	258.6	278.6	298.6	318.6
总销售面积（千平方米）	1,422.2	2,642.1	3,462.0	3,992.6	4,842.6	5,662.6	6,382.6	7,102.6	7,822.6	8,542.6
销售收入	24,026.0	38,676.5	48,311.0	57,037.1	72,783.5	89,583.7	106,418.8	122,284.2	138,422.5	155,125.1
营业收入	26,161.3	40,152.4	49,896.7	58,300.1	74,311.9	91,375.3	108,547.2	124,729.8	141,190.9	158,227.6
EBITDA	1,381.3	2,390.1	3,173.3	4,199.2	5,563.5	7,047.2	8,526.2	9,891.0	11,271.5	12,710.6
EBIT	1,172.8	2,172.1	2,793.5	3,738.4	5,227.7	6,692.5	8,236.6	9,625.5	11,025.0	12,483.1
净利润	797.5	1,523.2	2,259.9	2,988.5	4,079.8	5,225.8	6,440.5	7,544.2	8,662.1	9,829.8
融资缺口	0.0	0.0	0.0	0.0	0.0	0.0	0.0	0.0	0.0	0.0
债务合计	275.0	140.0	156.0	0.0	0.0	0.0	0.0	0.0	0.0	0.0
股东权益合计	3,293.0	4,027.9	9,112.3	14,925.0	18,658.0	23,330.9	28,860.9	35,033.5	41,796.9	49,111.3
投入资本（IC）	3,568.8	4,967.9	9,268.3	14,925.0	18,658.0	23,330.9	28,860.9	35,033.5	41,796.9	49,111.3
负债合计	5,535.3	11,401.8	12,506.2	20,914.8	26,326.0	32,327.2	38,402.3	44,127.5	49,951.1	55,978.4
资产总计	8,829.0	16,229.7	21,618.5	35,839.8	44,984.0	55,658.1	67,263.2	79,161.0	91,748.0	105,089.7
经营活动现金流（CFO）					5,418.6	6,854.1	8,067.5	9,135.5	10,298.8	11,531.4
固定资产购建					527.0	710.7	657.9	667.3	677.5	687.8
成长性指标										
总销售面积增长率		85.8%	31.0%	15.3%	21.3%	16.9%	12.7%	11.3%	10.1%	9.2%
销售收入增长率		55.2%	24.9%	18.1%	27.6%	23.1%	18.8%	14.9%	13.2%	12.1%
营业收入增长率		53.5%	24.3%	16.8%	27.5%	23.0%	18.8%	14.9%	13.2%	12.1%
EBITDA增长率		73.0%	32.8%	32.3%	32.5%	26.7%	21.0%	16.0%	14.0%	12.8%

图 5－70　Excel 工作表打印示例

调整的内容包括：

（1）在“页面设置”选项卡下选择打印为“横向”，相应调整缩放比例及页边距；

（2）在“工作表”选项卡下，在“顶端标题行”激活后在页面中选择 2～6 行，对话框内会自动输入“ $2:$6”，则在每一张打印页面上都会出现 2～6 行标题栏（见图 5－71）；

（3）在“工作表”选项卡下取消“网格线”的选择，并选择“行号列标”（见图 5－71）。

打印结果如图 5－72、图 5－73 所示。

2. 页面预览

初步进行页面设置后，可以通过“打印预览”来查看打印效果。单击“页面设置”对话框中的“打印预览”按钮，可以调出预览界面。也可以直接按“打印”的快捷键“Ctrl + P”，进入“页面预览”状态。

预览时单击“页面设置”按钮，可以调出“页面设置”对话框，对打印界面进行进一步设置（见图 5－74）。

图 5 –71　Excel 工作表打印示例——"页面设置"

图 5 –72　Excel 打印结果第 1 页

	A	B	C	D	E	F	G	H	I	J	K	L
2					零售公司 Retail Company							
4						汇总表 Summary						
6	单位：百万三要币（特殊说明除外）		Year1 A	Year2 A	Year3 A	Year4 A	Year5 E	Year6 E	Year7 E	Year8 E	Year9 E	Year10 E
38	EBIT利润率		4.5%	5.4%	5.6%	6.4%	7.0%	7.3%	7.6%	7.7%	7.8%	7.9%
39	净利润率		3.0%	3.9%	4.5%	5.1%	5.5%	5.7%	5.9%	6.0%	6.1%	6.2%
40												
41	净资产收益率（ROE）						24.3%	24.9%	24.7%	23.6%	22.5%	21.6%
42	总资产收益率（ROA）						10.1%	10.4%	10.5%	10.3%	10.1%	10.0%
43	投入资本回报率（ROIC）						23.7%	24.2%	24.0%	22.9%	21.8%	20.9%
44												
45	流动性指标											
46	现金比率		0.3	0.4	0.6	0.6	0.7	0.7	0.8	0.8	0.9	0.9
47	速动比率		0.8	0.8	1.0	1.2	1.2	1.2	1.3	1.3	1.4	1.4
48	流动比率		1.5	1.2	1.4	1.5	1.5	1.5	1.6	1.6	1.7	1.7
49												
50	运营效率指标											
51	应收款项周转率			357.9	411.7	251.3	185.8	183.8	181.0	178.2	177.0	176.1
52	存货周转率			8.6	8.7	8.6	8.5	8.4	8.2	8.1	8.0	8.0
53	应付款项周转率			4.7	4.0	3.2	2.9	2.8	2.8	2.7	2.7	2.7
54	固定资产周转率			33.3	18.7	16.6	19.6	21.9	23.7	25.2	26.6	28.0
55	总资产周转率			3.2	2.6	2.0	1.8	1.8	1.8	1.7	1.7	1.6
56												
57	杠杆比率											
58	债务权益比率		8.4%	2.9%	1.7%	0.0%	0.0%	0.0%	0.0%	0.0%	0.0%	0.0%
59	资产负债率		62.7%	70.3%	57.8%	58.4%	58.5%	58.1%	57.1%	55.7%	54.4%	53.3%
60												
61	杜邦分析											
62	净利润率			3.8%	4.5%	5.1%	5.5%	5.7%	5.9%	6.0%	6.1%	6.2%
63	总资产周转率			3.2	2.6	2.0	1.8	1.8	1.8	1.7	1.7	1.6
64	平均总资产/平均股东权益			3.1	2.7	2.4	2.4	2.4	2.4	2.3	2.2	2.2
65	总资产收益率（ROA）			12.2%	11.9%	10.4%	10.1%	10.4%	10.5%	10.3%	10.1%	10.0%
66	净资产收益率（ROE）			37.5%	32.4%	24.9%	24.3%	24.9%	24.7%	23.6%	22.5%	21.6%

（批注：由于"页面设置"中设置了"左端标题列"，第2页同样显示2~6行的标题）

图 5 – 73　Excel 打印结果第 2 页

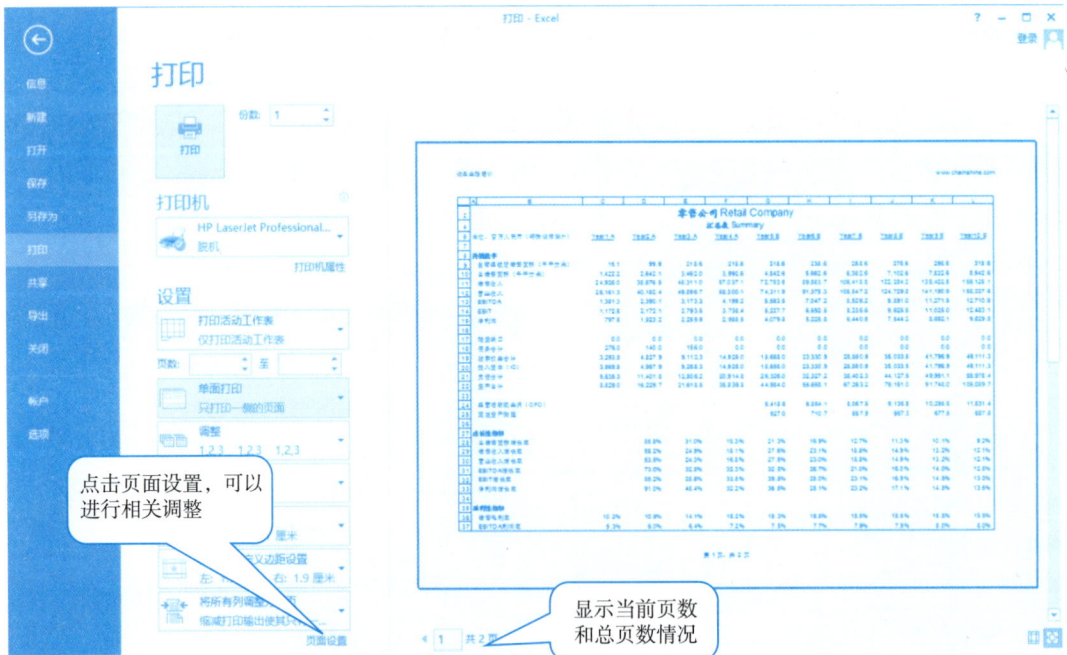

（批注：点击页面设置，可以进行相关调整）

（批注：显示当前页数和总页数情况）

图 5 – 74　打印预览

上例中的文档由于篇幅过大，打印预览状态下被分为两页显示。如果要查看打印为多页后的效果，可以在"视图"选项卡下选择"分页预览"。在分页预览界面下，可以进一步调整打印区域分割线，以设置在不同页面显示的内容。分页预览界面如图5-75所示。

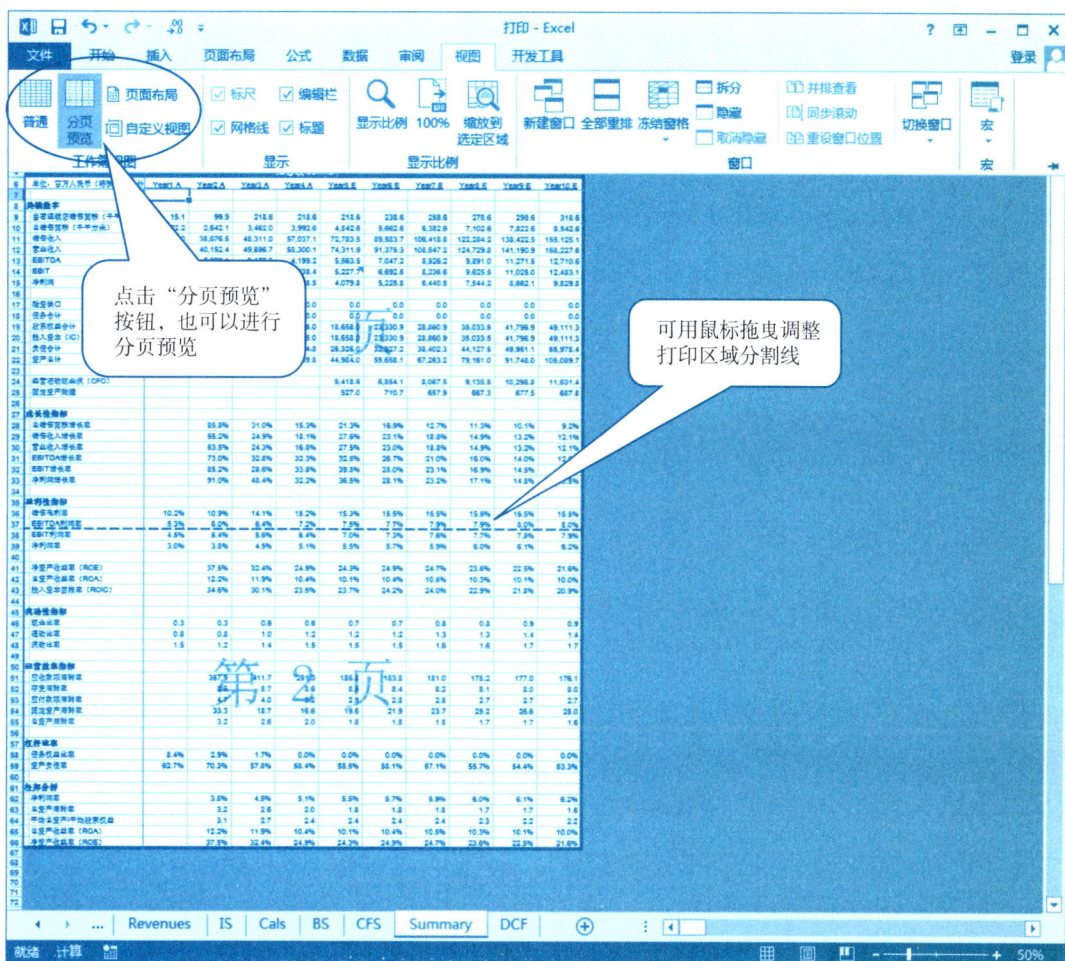

图 5-75　分页预览

3. 打印

（1）快速打印

页面设置完成后，在 Excel 下，依次选择"文件"按钮→"打印"，可以调出"打印"对话框（见图5-76）。快捷键为：

在弹出的"打印"对话框中可设置打印选项，包括"打印机"、"打印范围"、"打印

份数"和"打印内容"等。单击对话框中的"属性"按钮,还可以对纸张大小,每张纸上打印的页数等进行设置。如果电脑系统已经安装 PDF 软件,也可在打印机"名称"处选择"Adobe PDF",即可以将 Excel 文件内容打印成 PDF 格式的文件。

图 5 –76   "文件"按钮→"打印"

(2)工作组打印

当需要一次性打印多张工作表内容时,可利用本章前面介绍的工作组操作。首先做好每张工作表的打印设置,然后选择所有需要打印的工作表组成一个工作组(这时在 Excel 标题栏会显示"[工作组]"),在此状态下按"Ctrl + P"调出"打印"对话框进行打印,即可一次性打印工作组中的所有工作表。

> **i** 提示:采用工作组打印方式,打印完后不要忘记取消工作组状态。

6

第6章

用Excel进行
假设分析

模型中的计算结果会受到众多假设变量的影响，假设分析就是分析假设变量与模型结果之间的关系。假设分析的具体方式包括敏感性分析、情景分析、规划求解及单变量求解等，限于与财务建模的紧密度及篇幅，本章仅介绍敏感性分析（模拟运算表）和情景分析的使用。

6.1   双因素模拟运算表

敏感性分析（Sensitivity Analysis）是财务建模中的常用功能，可以用来分析关键因素（1个或2个）的变化对分析目标的影响，也可以用于找出对结果影响大的关键假设。

敏感性分析所需的功能通常称为"模拟运算表"，位于"数据"选项卡下的"模拟分析"的下拉菜单中（见图6-1）（注：有的Excel版本把"模拟分析"称为"假设分析"，把"模拟运算表"称为"数据表"）。

图6-1 模拟运算表

下面通过一个简单的例子来说明模拟运算表的使用方法及原理。

【例】在图6-2中，已知2016～2017年的历史财务数据，假设2018年的营业收入增长率（E4单元格）、营业成本/营业收入（E6单元格）分别为50%和70%，所得税税率假设为25%。据此计算得到2018年的净利润为506。

	A	B	C	D	E	F	G
1							
2			**2016A**	**2017A**	**2018E**		
3		营业收入	1,000	1,500	2,250	=(1+E4)*D3	
4		营业收入增长率		50%	50%		
5		营业成本	650	1,125	1,575	=E3*E6	
6		营业成本/营业收入	65%	75%	70%		F列显示了E列单元格的计算公式
7							
8		营业利润	350	375	675	=E3-E5	
9							
10		所得税税率	33%	25%	25%		带边框的单元格是手动输入的假设
11		所得税费用	116	94	169	=E8*E10	
12							
13		净利润	235	281	506	=E8-E11	
14							

图6-2 利润表预测模型

从公式中可以看到，2018年的净利润会随着E4单元格（营业收入增长率）、E6单元格（营业成本/营业收入）和E10单元格（所得税税率）数值的变化而变化。

如果需要了解营业收入增长率、营业成本/营业收入分别取不同数值时2018年的净利润如何变化，并且将这些结果在一张表格中显示出来，则可以采用双因素模拟运算表。运用模拟运算表进行敏感性分析的具体操作步骤如下：

步骤一：引用分析的目标

如图6-3所示，在C17单元格（通常称为模拟运算表的"左上角单元格"）引用需要分析的目标，即2018年的净利润。

> ℹ 提示：在模拟运算表中，分析目标必须采取"引用"的方式，即在C17单元格输入"=E13"，不能手动输入数字"506"。否则，模拟运算表不能给出正确结果。

步骤二：设置变量的取值范围

在本例中，假设建模者估计未来营业收入增长率可能在40%～60%之间变化，营业成本/营业收入可能在60%～80%之间变化，则在D17单元格先输入40%，然后选中D17：H17区域并用"Alt→E→I→S"填充一个间隔为5%的等差数列，如图6-4所示。这个序列代表营业收入增长率的变化区间。

	A	B	C	D	E	F	G	H
1								
2			**2016A**	**2017A**	**2018E**			
3		营业收入	1,000	1,500	2,250	=(1+E4)*D3		
4		营业收入增长率		50%	50%			
5		营业成本	650	1,125	1,575	=E3*E6		
6		营业成本/营业收入	65%	75%	70%			
7								
8		营业利润	350	375	675	=E3-E5		
9								
10		所得税税率	33%	25%	25%			
11		所得税费用	116	94	169	=E8*E10		
12								
13		净利润	235	281	506	=E8-E11		
14								
15	**2018年净利润敏感性分析**							
16								
17			506					
18								

> C17单元格必须引用E13单元格，不能手动输入数字

图6-3 双因素模拟运算表——步骤一

类似地，在C18:C22这5个单元格填入营业成本/营业收入的变化区间60%~80%，变化间隔为5%。

> ℹ️ 提示：构建模型时所使用的假设数据，通常是建模者认为最可靠的数据。所以在输入变量取值范围时，可以将这一假设数据放在所有变量取值的最中间。也正因为如此，在输入变量的取值范围时，通常采用奇数个单元格。

步骤三：设置参数标题

横向D16:H16区域使用"跨列居中"，输入标题"营业收入增长率"；纵向B18:B22区域使用"合并后居中"效果，输入标题"营业成本/营业收入"。

步骤四：调用"模拟运算表"功能

选中C17:H22区域（即从"左上角单元格"向右和向下选择包括变量取值范围），依次选择"数据"选项卡→"模拟分析"（"数据工具"组）→"模拟运算表"，则可以调出"模拟运算表"对话框。

调出"模拟运算表"对话框，还可以使用快捷键：

Alt → D → T

步骤五：输入假设变量所在单元格位置

在"输入引用行的单元格"和"输入引用列的单元格"处选择计算中引用的假设变量单元格（见图6-5）。

图6-4中的表格：

	A	B	C	D	E	F	G	H	I
1									
2			2016A	2017A	2018E				
3		营业收入	1,000	1,500	2,250	=(1+E4)*D3			
4		营业收入增长率		50%	50%				
5		营业成本	650	1,125	1,575	=E3*E6			
6		营业成本/营业收入	65%	75%	70%				
7									
8		营业利润	350	375	675	=E3-E5			
9									
10		所得税税率	33%	25%	25%				
11		所得税费用	116	94	169	=E8*E10			
12									
13		净利润	235	281	506	=E8-E11			
14									
15		2018年净利润敏感性分析							
16									
17			506	40%	45%	50%	55%	60%	
18			60%						
19			65%						
20			70%						
21			75%						
22			80%						
23									

设置营业收入增长率的变化区间为40%~60%

设置营业成本占营业收入比例的变化区间为60%~80%

图6-4 双因素模拟运算表——步骤二

图6-5中的表格：

	A	B	C	D	E	F	G	H	I
1									
2			2016A	2017A	2018E				
3		营业收入	1,000	1,500	2,250	=(1+E4)*D3			
4		营业收入增长率		50%	50%				
5		营业成本	650	1,125	1,575	=E3*E6			
6		营业成本/营业收入	65%	75%	70%				
7									
8		营业利润	350	375	675	=E3-E5			
9									
10		所得税税率	33%	25%	25%				
11		所得税费用	116	94	169	=E8*E10			
12									
13		净利润			506	=E8-E11			
14									
15		2018年净利润敏感性分析							
16				营业收入增长率					
17			506	40%	45%	50%	55%	60%	
18				60%					
19				65%					
20		营业成本/营业收入		70%					
21				75%					
22				80%					
23									

选择引用行的单元格：E4

选择引用列的单元格：E6

模拟运算表
输入引用行的单元格(R)：E4
输入引用列的单元格(C)：E6
确定　取消

选择分析结果输出区域时，应包含C17：H22整个区域，然后调出"模拟运算表"对话框

图6-5 双因素模拟运算表——步骤五

本例中，行变量为"营业收入增长率"，因此"输入引用行的单元格"应当选择计算 2018 年净利润用到的营业收入增长率所在单元格，即 E4 单元格（系统自动生成绝对引用 格式 E4）。同样地，在"输入引用列的单元格"选择 E6 单元格（系统自动生成绝对引 用格式 E6）。

选择"确定"按钮后，即可得到如图 6－6 所示的分析结果。

在图 6－6 所示的模拟运算表中，Excel 将不同的营业收入增长率、营业成本/营业收入 与据此计算的净利润显示在一张表格中，用户无须不断修改假设进行预测，就能够方便比 较各种情况下的盈利。

图6－6 双因素模拟运算表结果

6.2 模拟运算表原理

上面完成了双因素模拟运算表，为了更好地理解和使用这一功能，本节解释一下模拟 运算表的原理。

双因素模拟运算表是选取对结果有重要影响的两个变量，计算这两个变量在一定范围内取值时重新计算得到的最终结果（见图6-7）。

具体地说，在双因素模拟运算表中，左上角的单元格（图6-6中的C17单元格）引用需要分析的目标所在单元格（E13单元格），两个重要变量的取值范围分别输入到分析目标单元格所在行和所在列（图6-6中的D17:H17区域，以及C18:C22区域）。

分析目标	行变量取值范围
列变量取值范围	结果输出区域

图6-7　双因素模拟运算表结构示意图

"模拟运算表"对话框中，"输入引用行的单元格"即是指出分析目标所在行是哪个变量的取值范围，在上例中是"营业收入增长率"的取值范围，所以引用E4单元格。类似地，在"输入引用列的单元格"选择E6单元格。即"告诉"Excel，把行变量取值范围的某取值放入E4单元格，把列变量取值范围的某取值放入E6单元格，这样就可以得到变量新取值下的分析目标的值，Excel会把这个分析目标的新结果放在对应变量取值所在行列的交叉单元格。

选择"确定"后，系统就会将两个变量的不同取值分别代入到行变量所在单元格（E4单元格）和列变量所在单元格（E6单元格）进行计算，并将该取值下计算得到的分析目标的最终结果输出到模拟运算表中相应位置。

如上例，假设营业收入增长率为40%，营业成本/营业收入为65%，Excel将这两个数值分别代入模型中的E4、E6单元格进行计算，从而得到该假设下的净利润数值"551"，显示在行列假设的交叉位置D19单元格（见图6-8）。

	A	B	C	D	E	F	G	H	I
14									
15		**2018年净利润敏感性分析**							
16					**营业收入增长率**				
17			506	40%	45%	50%	55%	60%	
18			60%	630	653	675	698	720	
19		营业成本/营业收入	65%	551	571	591	610	630	
20			70%	473	489	506	523	540	
21			75%	394	408	422	436	450	
22			80%	315	326	338	349	360	
23									

图6-8　双因素模拟运算表原理示意图

> ℹ️ 提示：双因素模拟运算表仅能对单一目标进行分析。

6.3　　　　　　　　　　　　　　　　　　　　　　　　单因素模拟运算表

前文演示了双因素模拟运算表的使用，即分析两个变量在一定范围内取值时对分析目标的影响情况。如果只需要分析一个变量对分析目标的影响，就可以使用单因素模拟运算表。

在 6.1 节的例子中，如果企业营业成本/营业收入基本保持稳定，只考虑营业收入增长率变化对 2018 年净利润的影响，则可以采用单因素模拟运算表。

具体使用方法如下：

步骤一： 在 D17：H17 区域输入变量"营业收入增长率"的取值范围，对 D16：H16 区域实现"跨列居中"效果并输入变量标题。

步骤二： 在 C18 单元格（与双因素分析目标位置不同）引用需要分析的目标，即 2018 年的净利润。此处单因素模拟运算表和双因素模拟运算表有一些差别：双因素模拟运算表左上角的单元格为引用的分析目标，而单因素模拟运算表左上角的单元格为空单元格，该空单元格的下方为引用的分析目标。

步骤三： 选中如图 6 - 9 所示的 C17：H18 区域，按下"Alt→D→T"，调出"模拟运算表"对话框。

步骤四： 由于变量"营业收入增长率"的取值范围横向输入（行），因此只需要在"输入引用行的单元格"处选择 E4 单元格，而不需要填写"输入引用列的单元格"。

选择"确定"后，即可得到如图 6 - 10 所示的分析结果。

运用单因素模拟运算表，不仅可以分析单一目标，还可以同时对多个目标进行分析。例如，如果要同时看 2018 年的营业利润和净利润在不同营业收入增长率下的变化情况，则只需要在图 6 - 11 所示工作表中的 C18、C19 单元格分别引用 E8 和 E13 单元格，然后使用模拟运算表功能即可（仍然是单因素模拟运算表）。

	A	B	C	D	E	F	G	H	I
1									
2			**2016A**	**2017A**	**2018E**				
3		营业收入	1,000	1,500	2,250	=(1+E4)*D3			
4		营业收入增长率		50%	50%				
5		营业成本	650	1,125	1,575	=E3*E6			
6		营业成本/营业收入	65%	75%	70%				
7									
8		营业利润	350	375	675	=E3-E5			
9									
10		所得税税率	33%	25%	25%				
11		所得税费用	116	94	169	=E8*E10			
12									
13		净利润	235	281	506	=E8-E11			
14									
15	2018年净利润敏感性分析								
16					营业收入增长率				
17				40%	45%	50%	55%	60%	
18		2018年净利润	506						
19									

在"输入引用行的单元格"选择E4单元格；"输入引用列的单元格"不填写任何内容

C18单元格为分析目标，必须采用引用方式，引用E13单元格

模拟运算表

输入引用行的单元格(R): E4

输入引用列的单元格(C):

确定　　取消

图 6 – 9　单因素模拟运算表

	A	B	C	D	E	F	G	H	I
1									
2			**2016A**	**2017A**	**2018E**				
3		营业收入	1,000	1,500	2,250	=(1+E4)*D3			
4		营业收入增长率		50%	50%				
5		营业成本	650	1,125	1,575	=E3*E6			
6		营业成本/营业收入	65%	75%	70%				
7									
8		营业利润	350	375	675	=E3-E5			
9									
10		所得税税率	33%	25%	25%				
11		所得税费用	116	94	169	=E8*E10			
12									
13		净利润	235	281	506	=E8-E11			
14									
15	2018年净利润敏感性分析								
16					营业收入增长率				
17				40%	45%	50%	55%	60%	
18		2018年净利润	506	473	489	506	523	540	
19									

图 6 – 10　单因素模拟运算表结果

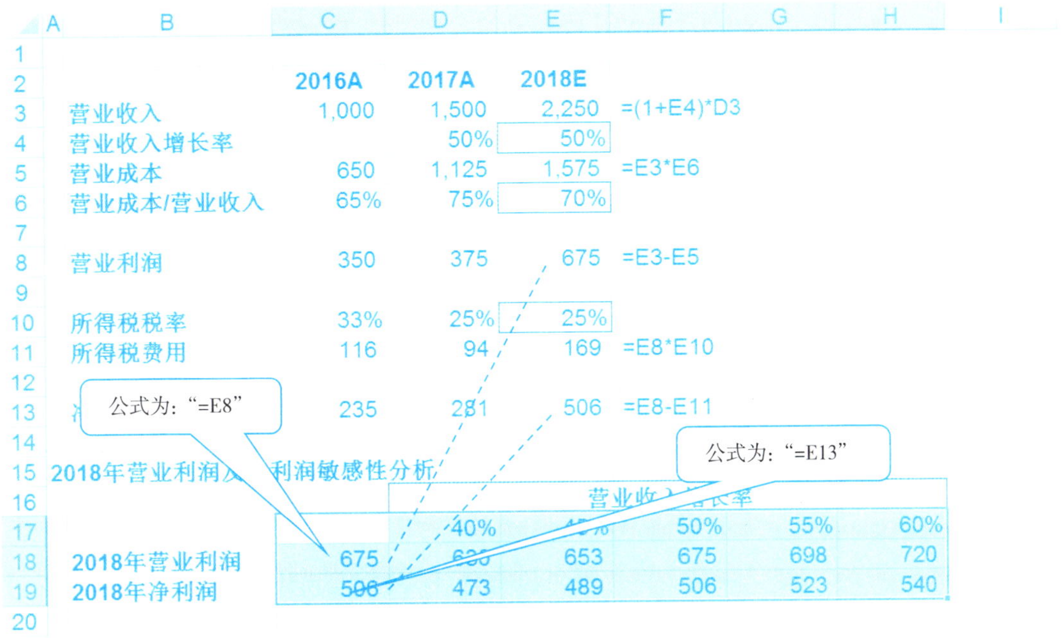

图 6-11　多目标的单因素模拟运算表

6.4　模拟运算表总结

在使用模拟运算表时，需注意以下几点：

（1）Excel 的模拟运算表不能直接分析三个及三个以上参数同时变化时的结果。如果需要对三个或三个以上参数的变化进行分析，可以使用情景分析的方法。

（2）模拟运算表只能对本表中的假设进行分析，即"输入引用行的单元格"和"输入引用列的单元格"只能选择模拟运算表所在工作表内的单元格。如双因素模拟运算表一例中，E4 单元格的营业收入增长率和 E6 单元格的营业成本/营业收入这两个假设都必须与模拟运算表在同一张工作表中，否则不能得到分析结果。

（3）分析目标在计算时必须使用了所分析的变量。如图 6-11 所示，计算 2018 年的净利润时用到了 E4 单元格假设的营业收入增长率，因此可以分析当营业收入增长率变化对净利润的影响。

（4）参数输入区域最好是手动输入的。如图 6-11 中的 F17 单元格，虽然与变量初始值取值相同，但绝对不能用公式引用 E4 单元格，而应手动输入，否则返回的结果很可能是错误的。

（5）模拟运算表的结果输出区域不能做部分修改，如果要修改模拟运算表，需要将整个模拟运算表的结果输出区域（如图 6 – 11 中的 D18∶H19 区域）都选中，用 Delete 键删除，然后进行修改（变量的取值范围是可以随时更改的）。

（6）双因素模拟运算表只能分析一个目标，而单因素模拟运算表可以同时分析一个变量对多个目标的影响。

（7）若模型存在循环引用和多个模拟运算表，导致计算缓慢，通常会将在"Excel 选项"下的"除模拟运算表外，自动重算"选项勾选。

6.5 情景分析

在前面介绍 CHOOSE 函数时，提及情景分析的方式。在财务预测或方案分析的建模过程中，通常会设定几种情形下的假设（每种情景下有多个假设发生变化），这些假设反映了建模者对未来宏观经济情况、公司所处的行业与市场状况以及公司经营管理的预期。因此，在建模时，应考虑这些可能出现的情况，在模型中反映不同情况下的预测结果。此时就需要进行情景分析（Scenario Analysis）。

用 Excel 实现情景分析的思路可以概括为：

（1）确定有几种不同情景，并设立一个开关，用于控制情景的选择；

（2）确定不同情景下假设的取值，并用公式控制取出开关所选择情景下的假设值；

（3）在计算公式中引用上一步得到的受开关影响的假设值，使得假设变动能影响结果。

来看一个常见情景分析示例：

【例】如图 6 – 12 所示。建模时，某公司管理层认为宏观经济将回暖，其所在行业受消费需求的拉动明显，行业进入复苏周期，该公司销售收入将迅速提高，预计未来三年的营业收入增长率分别为 14%，16%，18%。但从投资人员的谨慎角度出发，认为宏观经济最早在下一年年末恢复，且该公司所处行业偏产业链下游，短期内不会很快复苏，因此估计其未来三年实际增长率只有 10%，12%，15%。同时，考虑到外部需求长时间持续低迷、行业需求短时间无法快速恢复的风险，不排除可能出现较差的情景，即未来三年增长率只有 8%，10%，11%。为了同时考虑这三种情景，可以用情景分析来分析不同情景下的结果。

这样，只需要改变 C4 单元格的数字，使其分别为 1、2、3，就可以使得营业收入分别以未来三种不同的增长率情景进行计算，而不需要改变计算公式。图 6 – 13、图 6 – 14 给出了另外两种情形下的结果：

	A	B	C	D	E	F	G	H	I	J	K
1											
2		情景分析		Year 0	Year 1	Year 2	Year 3				
3											
4		当前情景	1								
5		管理层情景	1								
6		基本情景	2								
7		风险情景	3								
8											
9		营业收入增长率									
10		管理层情景			14.0%	16.0%	18.0%				
11		基本情景			10.0%	12.0%	15.0%				
12		风险情景			8.0%	10.0%	11.0%				
13		所应用情景			14.0%	16.0%	18.0%				
14											
15		营业收入		100.0	114.0	132.2	156.0				
16											

C4单元格定义为Case，表示当前应用的情景编号，当前为1，即为第一种管理层情景

=CHOOSE(Case,G10,G11,G12)，该公式表示在当前情景（管理层情景）下的营业收入增长率

=(1+G13)*F15，根据当前情景（管理层情景）下的增长率计算营业收入

图6-12 情景分析（1）

提示：除了 CHOOSE 函数以外，在上面的架构中，INDEX 函数、OFFSET 函数、LOOKUP 函数等都可以实现同样的效果。IF 函数虽然也可以实现同样的效果，但当情景数量较多时，IF 函数不是很方便（需要多个 IF 函数进行嵌套）。

	A	B	C	D	E	F	G	H	I	J	K
1											
2		情景分析		Year 0	Year 1	Year 2	Year 3				
3											
4		当前情景	2								
5		管理层情景	1								
6		基本情景	2								
7		风险情景	3								
8											
9		营业收入增长率									
10		管理层情景			14.0%	16.0%	18.0%				
11		基本情景			10.0%	12.0%	15.0%				
12		风险情景			8.0%	10.0%	11.0%				
13		所应用情景			10.0%	12.0%	15.0%				
14											
15		营业收入		100.0	110.0	123.2	141.7				
16											

调整情景开关，当前为2，即为基本情景

基本情景下的营业收入增长率假设

以基本情景下的增长率计算营业收入

图6-13 情景分析（2）

情景分析可以在上述模型的基础上继续扩展，在每个情景下，考虑其他假设的同时变化（比如营业成本占营业收入的比例每年在各情景下也取不同的假设）。

图 6–14 情景分析（3）

6.6 情景分析与敏感性分析结合

Excel 各种功能的综合运用可以更好地解决实际问题。下面举一个将情景分析和敏感性分析结合解决问题的实例。

在上一节的情景分析中，可以通过修改情景开关，得到不同情景下的结果。但通常在分析和汇报中，需要同时列出所有情景下的结果，或者对这些结果进行对比分析。这时利用敏感性分析的方法结合情景分析就可以很好解决。

敏感性分析在 Excel 中是借助"模拟运算表"功能实现，"模拟运算表"功能形象的理解即为"改数、抄数"。改的是假设，抄的是结果（受假设影响的结果）。因此仅需要在原来情景分析的框架下，做一个单因素多目标敏感性分析即可。开关即为因素，需要对比分析的结果即为目标。如图 6–15、图 6–16 所示。

在做完的单因素敏感性分析的基础上，可以在下方（23～26 行）重新设计分析结果的显示界面。重新设定标题（E23：G23 和 D24：D26），并且在 E24：G26 的区域把上方 E18：G20 的数值用公式引用下来。可以使结果看起来更直观（见图 6–17）。

	A	B	C	D	E	F	G	H	I	J
1										
2	情景分析			Year 0	Year 1	Year 2	Year 3			
3										
4		当前情景	1							
5		管理层情景	1							
6		基本情景	2							
7		风险情景	3							
8										
9		营业收入增长率								
10		管理层情景			14.0%	16.0%	18.0%			
11		基本情景			10.0%	12.0%	15.0%			
12		风险情景			8.0%	10.0%	11.0%			
13		所应用情景			14.0%	16.0%	18.0%			
14										
15		营业收入		100.0	114.0	132.2	156.0			
16										
17					114.0	132.2	156.0	=G15，引用目标，单因素敏感性分析可以引用多个独立的目标		
18		右边3个数字即为开关因素的三个可选参数			1					
19					2					
20					3					
21										

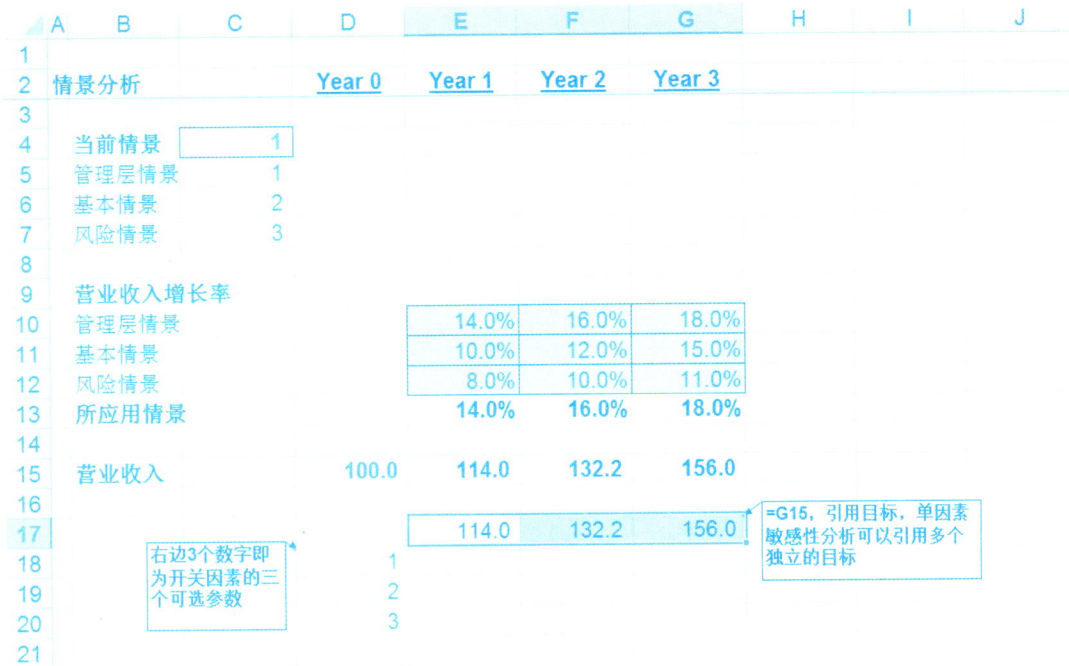

图 6-15　敏感性分析与情景分析结合（1）

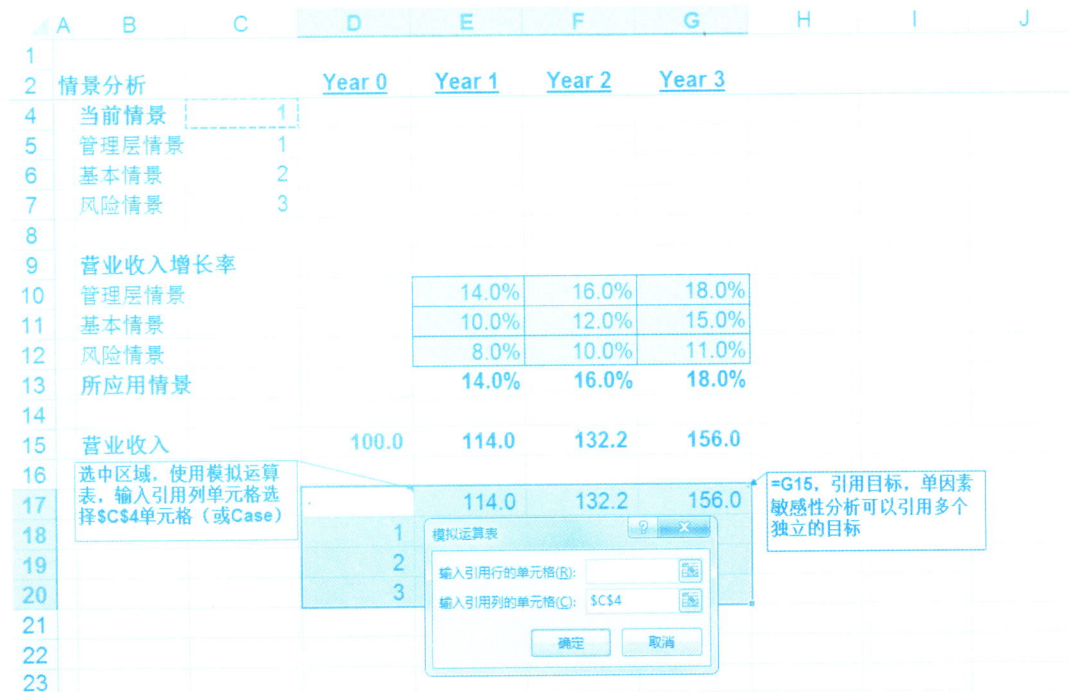

	A	B	C	D	E	F	G	H	I	J
1										
2	情景分析			Year 0	Year 1	Year 2	Year 3			
4		当前情景	1							
5		管理层情景	1							
6		基本情景	2							
7		风险情景	3							
8										
9		营业收入增长率								
10		管理层情景			14.0%	16.0%	18.0%			
11		基本情景			10.0%	12.0%	15.0%			
12		风险情景			8.0%	10.0%	11.0%			
13		所应用情景			14.0%	16.0%	18.0%			
14										
15		营业收入		100.0	114.0	132.2	156.0			
16		选中区域，使用模拟运算表，输入引用列单元格选择C4单元格（或Case）								
17					114.0	132.2	156.0	=G15，引用目标，单因素敏感性分析可以引用多个独立的目标		
18					1					
19					2					
20					3					
21										
22										
23										

模拟运算表

输入引用行的单元格(R)：

输入引用列的单元格(C)：C4

确定　取消

图 6-16　敏感性分析与情景分析结合（2）

▲	A	B	C	D	E	F	G	H	I
1									
2	情景分析			Year 0	Year 1	Year 2	Year 3		
3									
4		当前情景	1						
14									
15		营业收入		100.0	114.0	132.2	156.0		
16									
17					114.0	132.2	156.0	=G15，引用目标，单因素敏感性分析可以引用多个独立的目标	
18				1	114.0	132.2	156.0		
19				2	110.0	123.2	141.7		
20				3	108.0	118.8	131.9		
21									
22	对比分析三种情景下预测年份收入								
23					Year 1 收入	Year 2 收入	Year 3 收入	=G18，直接从上面敏感性分析部分引用	
24				管理层情景	114.0	132.2	156.0		
25				基本情景	110.0	123.2	141.7		
26				风险情景	108.0	118.8	131.9		
27									

图 6 –17　敏感性分析与情景分析结合（3）

7

第7章

Excel
作图

Excel 图表作为一种整理和分析数据的方式，可以向读者直观地展示数据所包含的信息，比如数据大小、数据变化趋势、数据间的对比情况等。

本章主要介绍 Excel 图表的基本功能以及作为专业图表中应包含的要素和须遵守的规范，并不对具体操作进行详细介绍。

7.1   Excel 图表功能简介

先来认识一下 Excel 中的"图表工具"选项卡。

"设计"选项卡主要是对图表的整体布局进行设置，包括选择图表类型、数据、布局、样式以及位置等（见图 7 – 1）。

图 7 – 1   "设计"选项卡

"格式"选项卡主要是对图表各元素的样式进行设置，包括系列样式、坐标轴样式、字体样式等（见图 7 – 2）。

图 7 – 2   "格式"选项卡

| 7.2 | Excel 作图基本步骤 |

Excel 作图的基本步骤是：选择数据区域→选择图表类型→调整图表格式。前两个步骤有时也会替换。

步骤一：选择数据区域

作图之前，首先对作图数据进行分析和整理，想好要使用哪种图表类型去表达数据之间的关系，并将数据按要求排列好。选择相关区域。

步骤二：选择图表类型

在数据区域选择后，通过"插入"选项卡下的"图表"组选择所需的图表类型。

若直接出现的图表不符合预期，可以利用 Excel 的"选择数据"和"更改图表类型"功能进行调整。

步骤三：调整图表格式

通过上述两个步骤可以做出基本图形，经常还需要通过进一步调整图表元素以使其美观大方。首先，通过图 7-3 熟悉一下 Excel 中图表各元素的名称。

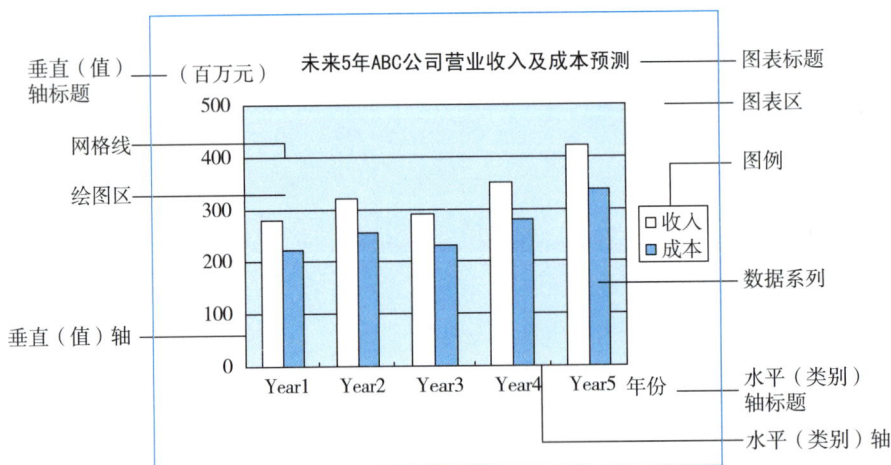

图 7-3 Excel 图表元素

Excel 中修改图表元素的方式通常有两种：

（1）通过"设计""格式"选项卡进行修改；

（2）单击选中图表元素后，用"Ctrl + 1"调出相应格式对话框（出现在窗口右边）进行修改。

7.3 股价区间图示例

本节通过一个具体的示例，展示 Excel 图表的制作及调整过程（Windows Excel 2013 版，其他 Excel 版本操作类似）。

图 7-4 是一个股价区间图，其中，下方四个浅色条形为不同估值方法得到的股价区间，上方深色条形为综合各种估值方法后得到的综合股价区间。

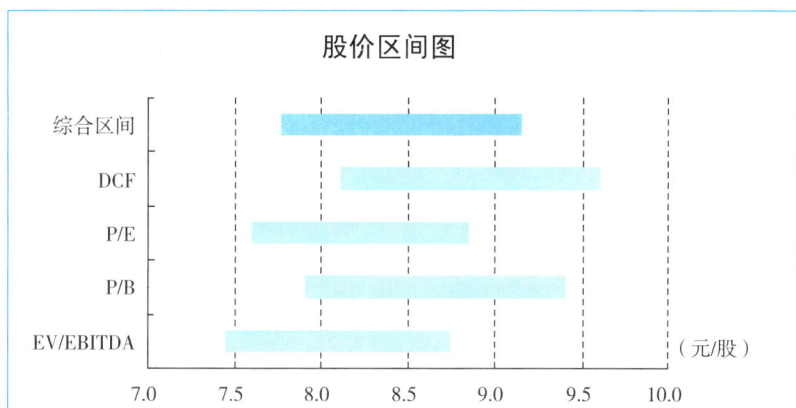

图 7-4 股价区间图

乍看起来，这个图形不同于 Excel 提供的基本图表类型的任何一种，那究竟如何通过 Excel 的作图功能实现这样的效果图？下面就来介绍如何做出这种效果，并在过程中帮助读者理解 Excel 作图的原理和技巧。

1. 图表数据

首先我们来看一下作图数据，表 7-1 是经过整理得到的在四种估值方法下股价的最小值、最大值和区间长度，"综合区间"取四种方法的平均值。

表 7-1 　　　　　　　　　　　不同估值方法下的股价区间　　　　　　　　　　单位：元/股

估值方法	最小值	区间长度（最大值-最小值）	最大值
EV/EBITDA	7.44	1.30	8.74
P/B	7.90	1.50	9.40
P/E	7.59	1.26	8.85
DCF	8.11	1.49	9.60
综合区间	7.76	1.39	9.15

2. 雏形图表制作

首先，将数据排列在 B2:E7 单元格区域中，选中 B2:D7 区域（作图时仅需要前3列，标题、最小值、区间长度即可），在"插入"选项卡下"图表"组中选择图表类型。本例中选择"二维条形图"中的"堆积条形图"（见图7-5）。

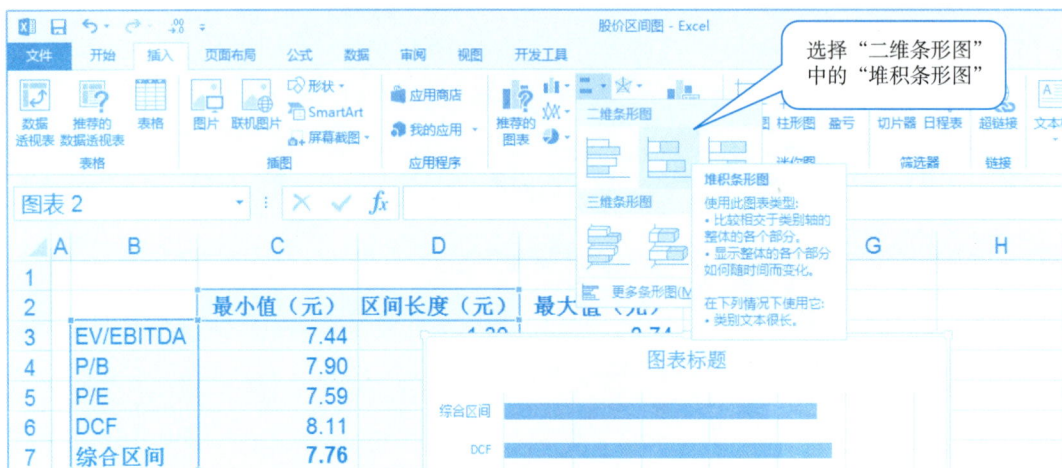

图7-5 选择图表类型

选择后，即可出现图表雏形（见图7-6）。

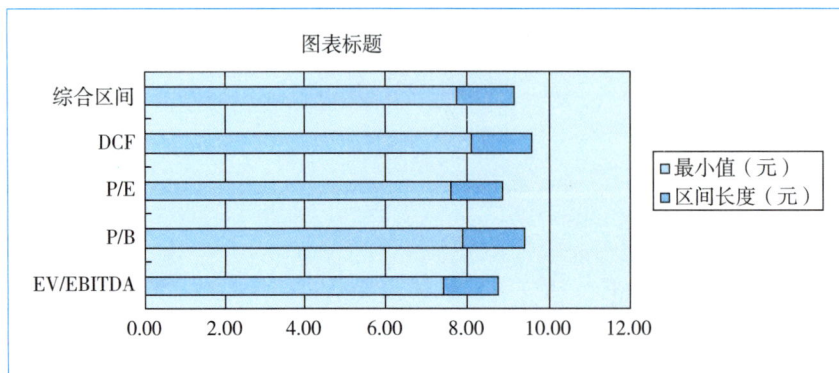

图7-6 图表雏形

若出现的图表雏形，在数据选择、图表类型上不符合需求，可以通过鼠标右键点击绘图区，在菜单中选择相应功能进行调整。比如"选择数据"可以调整数据序列、"更改图表类型"可以重新选择图表类型（见图7-7、图7-8）。相关功能也可以在"图表工具"功能区中找到。

由于所需要显示的是区间长度，因此需要在图表雏形中进行调整，将最小值序列的背

图7-7 鼠标右键点击"绘图区"

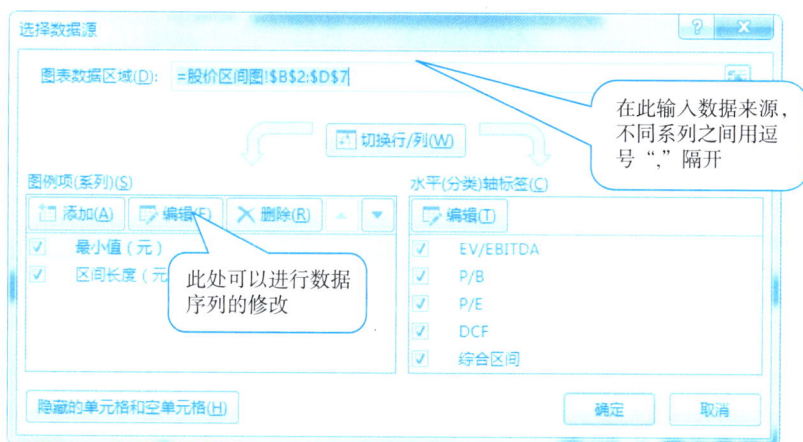

图7-8 "选择数据源"

景颜色改为透明色"无色"。

（1）选择最小值序列：可以使用鼠标左键点击图表中最小值序列，或者在图表工具栏中选择该序列（见图7-9）；

（2）鼠标右键点击最小值序列，选择"设置数据系列格式"，或者选择序列后，使用快捷键"Ctrl+1"在屏幕右边调出"设置数据系列格式"对话框（见图7-10）；

（3）将最小值序列的背景填充颜色设置为无填充色（见图7-11）。

至此，图表雏形基本完工，剩下的就是图表元素加工和修饰，使其变得更加专业精致。

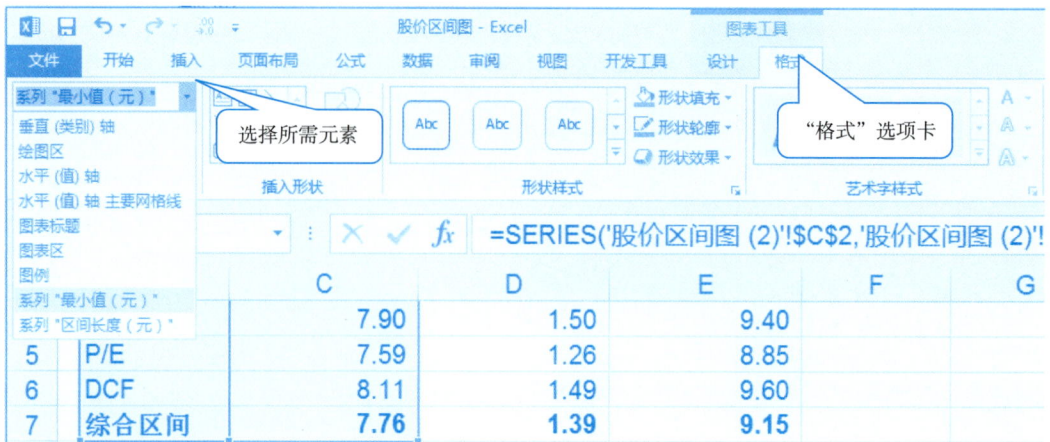

图 7-9 在"图表工具"选项卡中选择系列

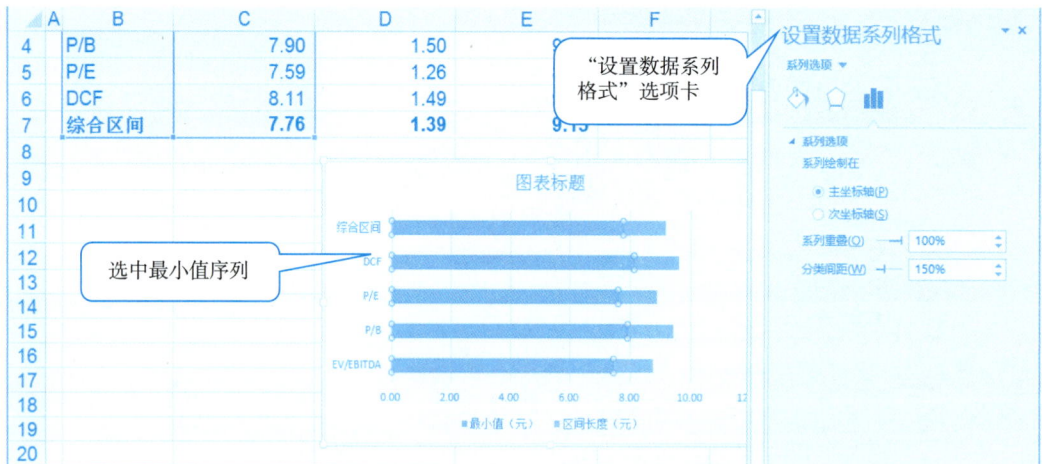

图 7-10 "设置数据系列格式"选项卡

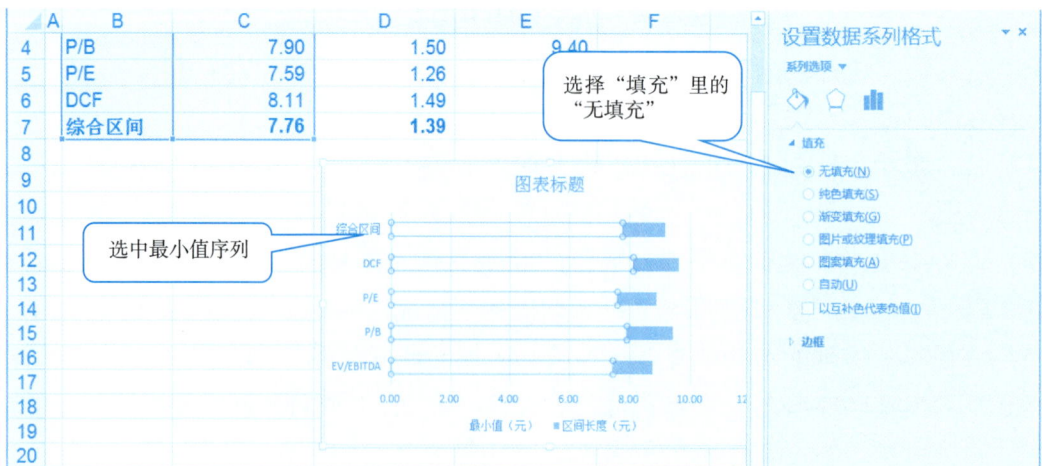

图 7-11 设置最小值序列的填充色

3. 图表加工

上一步完工后的图表雏形如图 7 – 12 所示：

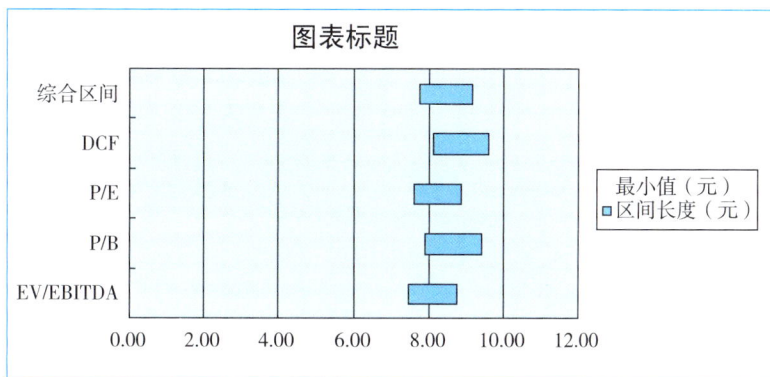

图 7 – 12　第二步完工后的图表雏形

图 7 – 12 中，还需修饰的内容包括：

（1）图例在此图表中显得多余，可删除；

（2）横坐标区间长度过长，导致视觉效果不突出，可以设置为 7 ~ 10，间隔 0.5，同时坐标轴小数位数统一为 1 位小数；

（3）图表字体类型（中文统一为宋体，英文及数字统一为 Arial）、字体大小（除图表标题为 14 号，其余为 10 号）、文字颜色（设置为黑色）均需调整；

（4）需要增加图表标题（股价区间图，14 号字体，文字加粗）；

（5）突出综合区间（将综合区间数据条的背景填充色改为深色）。

①删除图例

删除图表中元素的方式比较直接，选中图例元素后可以按 Delete 键删除。其中选择元素的方法与上文中选择最小值序列的方法相似。

②调整横坐标格式

选中横坐标（水平值轴），用"Ctrl + 1"调出右边格式选项卡，在"坐标轴选项"中把"边界"最小值设定为 7，最大值设定为 10，主要单位设定为 0.5（见图 7 – 13）。

在同一界面中将数字单位设置为 1 位小数。

> 提示："设置坐标轴格式"对话框中"坐标轴选项"类别下，若选择"自动"选项，系统会相应给出默认的坐标轴最大值、最小值或刻度单位等，坐标轴会随数据源的变化自动相应变化。若选择"固定"选项，如图 7 – 13 中进行的修改，则最大值、最小值和刻度单位相应固定，不会随着图表数据源的变化而发生变化。

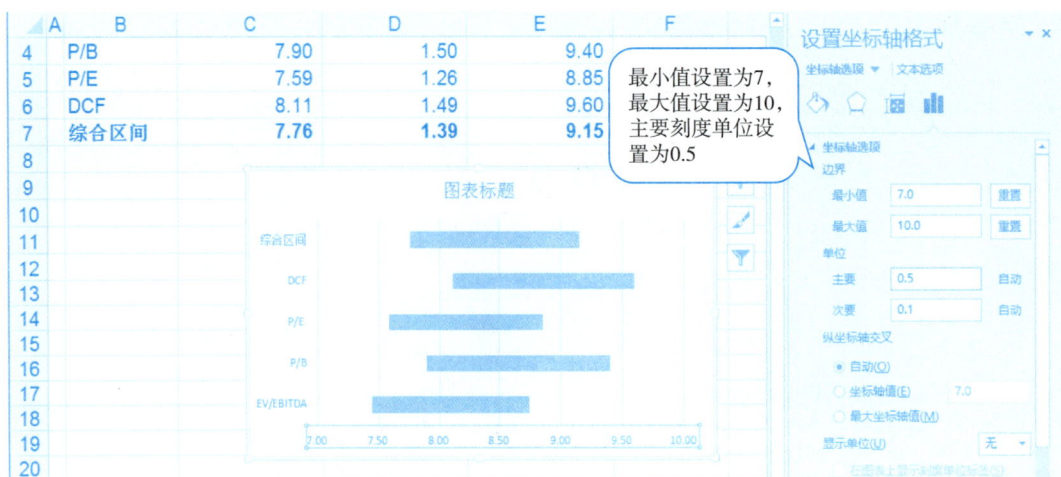

图7-13　设置横坐标轴格式

③调整字体类型、字体大小及文字颜色

设置好坐标轴刻度后，在"开始"选项卡下将图表中的中文字体设为"宋体"，英文字体设为"Arial"，标题字号14，其他字号10，将文字颜色改为黑色。效果如图7-14所示。

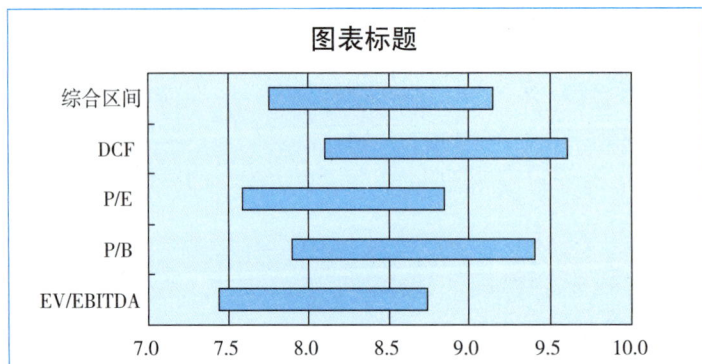

图7-14　调整坐标轴格式后的股价区间图

④调整图表标题

通常可以不用 Excel 图表自带的标题设置，可以通过加入文本框进行个性化图表标题设置。选中图表后，在"插入"选项卡中选择插入"横排文本框"（见图7-15）。

然后在图表中画出文本框大概位置，接着直接在公式栏中输入"="，并且用鼠标选择 B1 单元格，然后按回车键。这样就建立起一个指向 B1 单元格的文字的文本框。文本框里的内容可以随着 B1 单元格的变化而快速自动变化（见图7-16）。

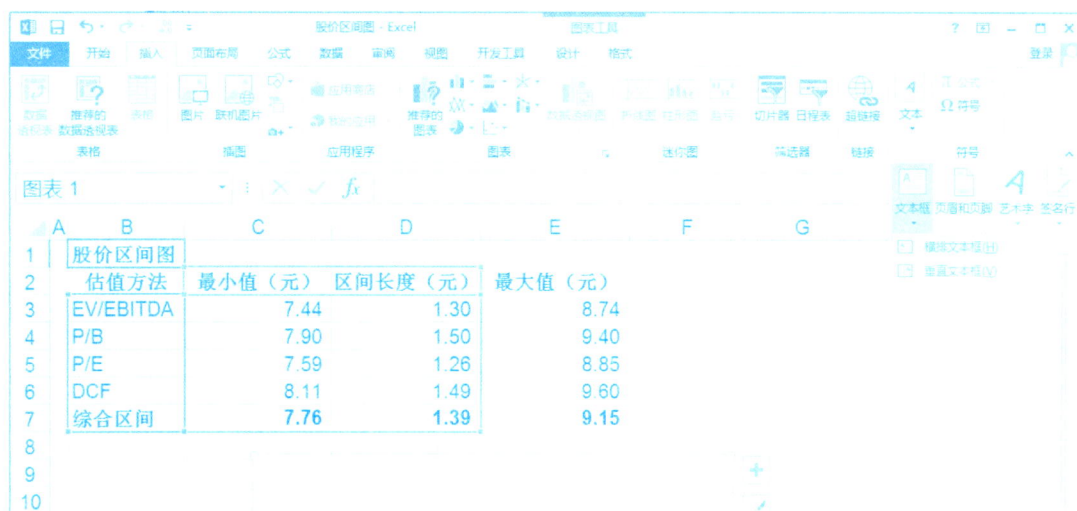

图7-15 插入"横排文本框"

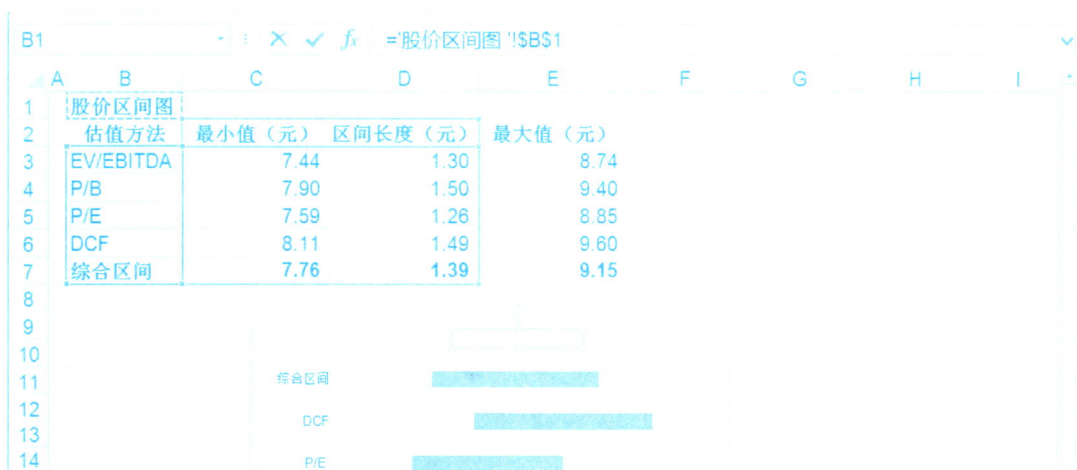

图7-16 建立与B1单元格的链接，实现自动化标题

用插入文本框的方式，增加坐标轴单位的说明，并适当调整绘图区的大小和位置（见图7-17）。

⑤调整综合区间背景颜色

为了突出综合区间，单独修改该数据点序列背景颜色，将其背景色修改为深红色重点突出，即可以得到最后的图表（见图7-18）。

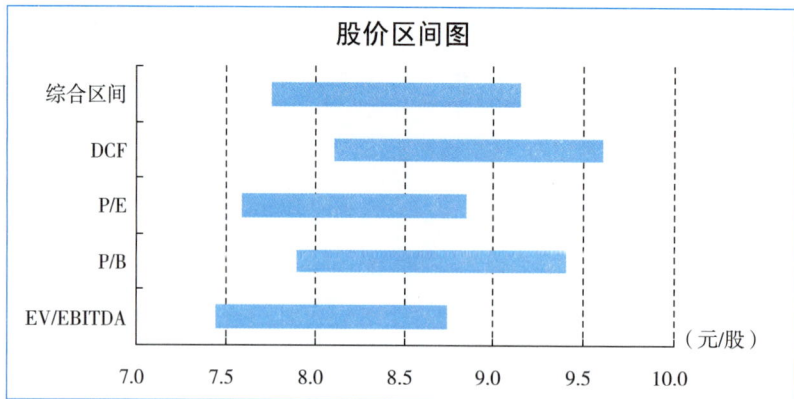

图 7 – 17　设置标题和说明后的股价区间图

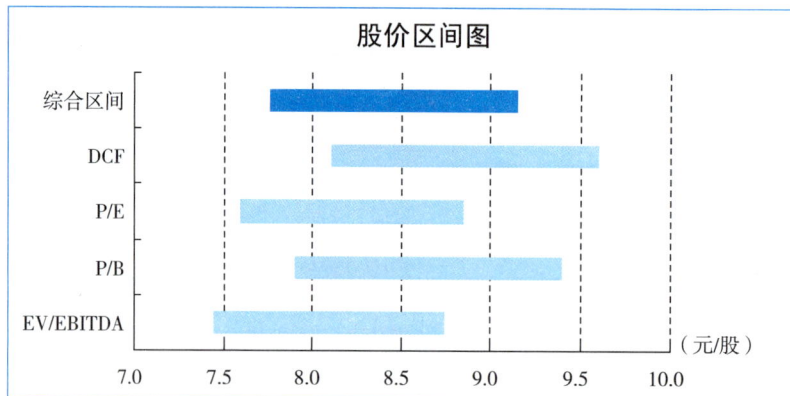

图 7 – 18　选择数据点并修改格式后的最终图表

> 提示：单击某图表元素，则选中此元素；当系列处于选中的状态下，单击其中的数据点，则选中此数据点。

4. 经验总结

（1）上述作图方式没有在图表中删除最小值系列，只是将其颜色设置为无色。

（2）除了本章提到的利用堆积条形图来做股价区间图之外，Excel 还提供了很多种图表类型，如柱形图、折线图等，可以作出组合图表和动态图表。并且通过其图形元素的格式调整，可以根据使用者的需要展示数据。

（3）模型中的图表一定要整洁、清楚，能够有效地说明希望表达的内容。

7.4　　　　　　　　　　　　　　　　　　　　专业图表的规范

专业图表通常具备以下特点。

1. 专业外观，大方得体

专业的图表在颜色搭配、字体安排、结构设计上都显得非常协调，一眼看上去就是专业水准。

2. 突出重点，明确观点

图表是用来帮助理解的，专业的图表中将重要的元素突出，忽略/省略相对不重要的元素，以达到让读者的目光快速聚焦到图表的重点处。通常在财经杂志中图表标题会以结论式而不是陈述式的文字出现，真正实现图表信息的高效率传达。

3. 简单实用，极少炫技

专业的图表并不一定需要复杂的技巧，有时简单但专业的图表更能够突出图表的沟通作用。

4. 注重细节，一丝不苟

专业的图表在对待每个图表细节时，追求完美，比如字体类型，字号大小，图表数据列的间距，数据展示的方式等，都会进行反复调试以达到最佳效果。在某种程度上图表能够体现分析者洞察数据的能力和深度。

附录　Excel 常用快捷键列表

	Windows Excel 版本	**苹果 Mac Excel 版本**
文件操作		
1. 新建工作簿	Ctrl + N	Ctrl + N
2. 打开工作簿	Ctrl + O	Ctrl + O
3. 保存工作簿	Ctrl + S	Ctrl + S
4. 另存为	F12	Command + Shift + S
5. 打印	Ctrl + P	Ctrl + P
6. 关闭当前工作簿	Ctrl + F4 或 Ctrl + W	Command + W
7. 关闭 Excel 程序	Alt + F4	Command + Q
移动及选择		
8. 向上翻一屏	PgUp	Fn + ↑
9. 向下翻一屏	PgDn	Fn + ↓
10. 向左翻一屏	Alt + PgUp	Alt + Fn + ↑
11. 向右翻一屏	Alt + PgDn	Alt + Fn + ↓
12. 全选	Ctrl + A	Command + A
13. 将选择区域扩展一个单元格	Shift + 方向键	Shift + 方向键
14. 移动到当前数据区域的边缘；如果这个单元格是空单元格，移动到第一个非空的单元格	Ctrl + 方向键	Command + 方向键
15. 将选择区域扩展至当前数据的边缘	Ctrl + Shift + 方向键	Command + Shift + 方向键
16. 将选择区域扩展至左上角	Ctrl + Shift + Home	Command + Shift + Fn + ←
17. 将选择区域扩展至操作过区域的最右下角单元格	Ctrl + Shift + End	Command + Shift + Fn + →
18. 将选择区域向下扩展一屏	Shift + PgDn	Shift + Fn + ↓
19. 将选择区域向上扩展一屏	Shift + PgUp	Shift + Fn + ↑
20. 选择下一张工作表	Ctrl + PgDn	Ctrl + Fn + ↓
21. 选择上一张工作表	Ctrl + PgUp	Ctrl + Fn + ↑
22. 选择活动单元格周围的数据区域	Ctrl + Shift + 8	

续表

	Windows Excel 版本	苹果 Mac Excel 版本
数据和函数操作		
23. 编辑单元格	F2	Ctrl + U
24. 重复上一次操作	F4 或 Ctrl + Y	Command + Y
25. 撤消上一次操作	Ctrl + Z	Command + Z
26. 在同一单元格内换行	Alt + Enter	Ctrl + Option + Enter
27. 编辑/查看单元格批注	Shift + F2	Shift + Fn + F2
28. 插入/编辑函数	Shift + F3	Shift + Fn + F3
29. 自动求和	Alt + =（等号）	Command + Shift + T
30. 输入当前日期	Ctrl + ;（分号）	Ctrl + ;（分号）
31. 输入当前时间	Ctrl + Shift + ;（分号）	Ctrl + Shift + ;（分号）
32. 绝对引用	F4	Command + T
33. 定义名称	Ctrl + F3	Ctrl + L
34. 粘贴名称	F3	
35. 批量定义名称	Ctrl + Shift + F3	
36. 追踪引用单元格（首个引用）	Ctrl + [（左方括号）	Ctrl + [（左方括号）
37. 追踪从属单元格（本表）	Ctrl +]（右方括号）	Ctrl +]（右方括号）
38. 键入数组公式	Ctrl + Shift + Enter	Ctrl + Shift + Enter
39. 选择整个数组	Ctrl + /（除号）	Ctrl + /（除号）
40. 显示单元格值/公式	Ctrl + `	Ctrl + `
编辑操作		
41. 复制	Ctrl + C	Command + C 或 F3
42. 剪切	Ctrl + X	Command + X 或 F2
43. 粘贴	Ctrl + V	Command + V 或 F4
44. 选择性粘贴	Alt→E→S 或 Ctrl + Alt + V	Ctrl + Command + V
45. 向下复制	Ctrl + D	Ctrl + D
46. 向右复制	Ctrl + R	Ctrl + R
47. 从上面单元格复制数值	Ctrl + Shift + '（单引号）	Ctrl + Shift + '（单引号）
48. 从上面单元格复制公式	Ctrl + '（单引号）	Ctrl + '（单引号）
49. 插入	Ctrl + Shift + =（等号）	Ctrl + I
50. 删除	Ctrl + -（减号）	Ctrl + -（减号）
51. 查找	Ctrl + F	Ctrl + F
52. 定位	Ctrl + G 或 F5	Ctrl + G 或 F5
53. 替换	Ctrl + H 或 Shift + F5	Ctrl + H

	Windows Excel 版本	苹果 Mac Excel 版本
格式修改		
54. 单元格格式	Ctrl + 1（数字 1）	Command + 1
55. 加粗/去掉加粗	Ctrl + B 或 Ctrl + 2	Command + B
56. 斜体/去掉斜体	Ctrl + I 或 Ctrl + 3	Command + I
57. 添加/去掉下划线	Ctrl + U 或 Ctrl + 4	Command + U
58. 添加/去掉删除线	Ctrl + 5	Command + Shift + X
59. 常规格式	Ctrl + Shift + `	Ctrl + Shift + `
60. 0：00 AM 时间格式	Ctrl + Shift + 2	Ctrl + Shift + 2
61. 1 – JAN – 00（日期）格式	Ctrl + Shift + 3	Ctrl + Shift + 3
62. 百分比格式	Ctrl + Shift + 5	Ctrl + Shift + 5
63. 科学记数格式	Ctrl + Shift + 6	Ctrl + Shift + 6
64. 添加细实线外边框	Ctrl + Shift + 7	Command + Option + 0（零）
65. 清除区域内所有边框	Ctrl + Shift + -（减号）	Command + Option + -
66. 插入超链接	Ctrl + K	Command + K
67. 隐藏行	Ctrl + 9	Ctrl + 9
68. 显示行	Ctrl + Shift + 9	Ctrl + Shift + 9
69. 隐藏列	Ctrl + 0（数字零）	Ctrl + 0（数字零）
70. 显示列	Ctrl + Shift + 0（数字零）	Ctrl + Shift + 0（数字零）
71. 隐藏/显示分级显示符号	Ctrl + 8	Ctrl + 8
72. 创建组合	Alt + Shift + →	
73. 取消组合	Alt + Shift + ←	
74. 显示样式	Alt + '（单引号）	Command + Shift + L
菜单/工具栏/窗口和对话框操作		
75. 显示鼠标右键快捷菜单	Shift + F10	Shift + Fn + F10
76. 激活菜单栏	Alt 或 F10	
77. 切换到下一个选项卡	Ctrl + Tab	Ctrl + Tab
78. 切换到前一个选项卡	Ctrl + Shift + Tab	Ctrl + Shift + Tab
79. 切换到下一选项/按钮	Tab	Tab
80. 切换到前一选项/按钮	Shift + Tab	Shift + Tab
81. 打开 Excel 选项对话框	Alt→T→O	Command + ,（逗号）
82. 模拟运算表	Alt→D→T	
其他		
83. 打开帮助菜单	F1	Command + /
84. 隐藏/显示功能区	Ctrl + F1	
85. 拼写检查	F7	Fn + F7
86. 重算所有文档	F9	Fn + F9
87. 打开 VISUAL BASIC 编辑器	Alt + F11	Option + Fn + F11

参考书目

［1］微软 . Microsoft 帮助文档［M］. 微软，2007，2010，2013，2016.

［2］沃肯巴赫 . Excel 2013 宝典［M］. 冉豪，崔杰，崔婕，译 . 8 版 . 北京：清华大学出版社，2014.

［3］沃肯巴赫 . Excel 2016 宝典［M］. 赵利通，卫琳，译 . 9 版 . 北京：清华大学出版社，2016.

［4］Excel 之家 . Excel 2013 实战技巧精粹［M］. 北京：人民邮电出版社，2015.

［5］Excel 之家 . 别怕，Excel 函数其实很简单［M］. 北京：人民邮电出版社，2015.

［6］Excel 之家 . Excel 2016 应用大全［M］. 北京：北京大学出版社，2018.

［7］诚迅金融培训公司 . Excel 财务建模手册［M］. 北京：中国金融出版社，2011.

［8］诚迅金融培训公司 . 估值建模［M］. 2 版 . 北京：中国金融出版社，2018.